“新财经”课程思政系列丛书

中国经济史课程思政案例集

主 编
张 志

编 委
冯鹏程 王 军
葛浩阳 郝芮琳

西南财经大学出版社
Southwestern University of Finance & Economics Press
中国·成都

图书在版编目(CIP)数据

中国经济史课程思政案例集/张志主编．—成都：西南财经大学出版社，2021.10
ISBN 978-7-5504-5044-8

Ⅰ.①中…　Ⅱ.①张…　Ⅲ.①思想政治教育—教案(教育)—高等学校
Ⅳ.①G641

中国版本图书馆 CIP 数据核字(2021)第 175460 号

中国经济史课程思政案例集
主编:张志
编委:冯鹏程　王军　葛浩阳　郝芮琳

责任编辑:李晓嵩
助理编辑:雷静
责任校对:高小田
封面设计:何东琳设计工作室
责任印制:朱曼丽

出版发行	西南财经大学出版社(四川省成都市光华村街 55 号)
网　　址	http://cbs.swufe.edu.cn
电子邮件	bookcj@swufe.edu.cn
邮政编码	610074
电　　话	028-87353785
照　　排	四川胜翔数码印务设计有限公司
印　　刷	四川五洲彩印有限责任公司
成品尺寸	185mm×260mm
印　　张	12
字　　数	214 千字
版　　次	2021 年 10 月第 1 版
印　　次	2021 年 10 月第 1 次印刷
印　　数	1— 2000 册
书　　号	ISBN 978-7-5504-5044-8
定　　价	39.80 元

出版说明

为深入贯彻落实习近平总书记关于教育的重要论述和全国教育大会精神，贯彻落实中共中央办公厅、国务院办公厅《关于深化新时代学校思想政治理论课改革创新的若干意见》，把思想政治教育贯穿人才培养体系，全面推进高校课程思政建设，发挥好每门课程的育人作用，提高高校人才培养质量，教育部印发了《高等学校课程思政建设指导纲要》（以下简称《纲要》）。《纲要》指出，全面推进课程思政建设是落实立德树人根本任务的战略举措。培养什么人、怎样培养人、为谁培养人是教育的根本问题，立德树人成效是检验高校一切工作的根本标准。课程思政建设是全面提高人才培养质量的重要任务。

为全面贯彻新时代党的教育方针，落实立德树人根本任务，国家教材委员会印发了《习近平新时代中国特色社会主义思想进课程教材指南》，明确要求把习近平新时代中国特色社会主义思想有机融入课程教材。《“党的领导”相关内容进大中小学课程教材指南》首次就“党的领导”相关内容融入课程教材作出整体设计，对于深入推进习近平新时代中国特色社会主义思想进教材、进课堂、进头脑具有重大意义。

根据相关文件精神，西南财经大学于2021年成立课程思政研究中心。为切实落实本科专业类教学质量国家标准和一流专业建设的基本要求，充分发挥教材在课程思政建设中的关键作用，打造课程思政精品教材体系，西南财经大学课程思政研究中心组织金融学院、保险学院、经济学院、工商管理学院、会计学院、财政税务学院、统计学院、经济信息工程学院、法学院、国际商学院、公共管理学院、经济数学学院、经济与管理研究院等出版了课程思政系列丛书（以下简称“丛书”）。

丛书以习近平新时代中国特色社会主义思想为指导，紧紧围绕教学导向“准”、育人格局“全”、思政元素“齐”、覆盖范围“广”、教学团队“强”的目标，围绕国家、区域以及学校课程思政建设的发展要求，深入挖掘各类课程和教学方式中蕴含的思想政治教育资源，致力于加快构建中国特色哲学社会科学学科体系、学术体系、话语体系，帮助学生了解经管类学科专业知识和行业领域的国家战略、法律法规和相关政策，引导学生深入社会实践、关注现实问题，培育学生经世济民、诚信服务、德法兼修的职业素养。丛书以案例集、教学指南等形式，教育引导学生把国家、社会、公民的价值要求融为一体，提高个人的爱国、敬业、诚信、友善修养，自觉把小我融入大我，不断追求国家的富强、民主、文明、和谐，倡导社会的自由、平等、公正、法治，将社会主义核心价值观内化为精神追求，外化为自觉行动；教育引导学生深刻理解中华优秀传统文化中讲仁爱、重民本、守诚信、崇正义、尚和合、求大同的思想精华和时代价值；教育引导学生传承中华文脉，富有中国心、饱含中国情、充满中国味；教育引导学生深刻理解并自觉践行各行业的职业精神和职业规范，增强职业责任感，培养遵纪守法、爱岗敬业、无私奉献、诚实守信、公道办事、开拓创新的职业品格和行为习惯，着力培养具有社会责任感、创新精神和国际视野的财经领域卓越人才。

丛书涵盖西南财经大学国家级重点学科和一流本科专业，作者包括西南财经大学国家级教学团队成员和其他资深教师。丛书经过作者反复斟酌研讨、倾力编撰而成，将思想政治教育寓于教学之中，让学生在学习专业知识的同时，增强“四个意识”，坚定“四个自信”，自觉做到“两个维护”，深入推进习近平新时代中国特色社会主义思想进教材、进课堂、进头脑。

西南财经大学课程思政研究中心

前言

2016年12月，习近平总书记在全国高校思想政治工作会议上明确提出，“其他各门课都要守好一段渠、种好责任田，使各类课程与思想政治理论课同向同行，形成协同效应”，从而要“把思想政治工作贯穿教育教学全过程，实现全程育人、全方位育人，努力开创我国高等教育事业发展新局面”。习近平总书记的指示既为课程思政的进一步发展指明了方向，又为课程思政的进一步建设提供了有力支持。毋庸置疑，课程思政建设是新时代进一步发展高等教育的重要载体和抓手。我们将牢牢抓住培养德、智、体、美、劳全面发展的社会主义建设者和接班人这一目标，坚持为党育人、为国育才，充分挖掘和发挥各门课程的思想政治教育功能，积极推动课程思政与思政课程同向同行。人才培养是本，本科教育是根。思想政治教育是高等学校教书育人的重要组成部分，这既是开展马克思主义、共产主义理想和社会主义核心价值观教育的主要渠道，又是对大学生进行理想、信念、世界观、人生观和价值观教育的重要途径。

习近平总书记曾经强调，办好思想政治理论课，最根本的是要全面贯彻党的教育方针，解决好培养什么人、怎样培养人、为谁培养人这个根本问题。本科教育教学高度依赖教材建设，我们在选用马克思主义理论研究和建设工程重点教材的同时，也需要做好相应的课程思政案例库的建设。本案例集编写组始终坚持以马克思列宁主义、毛泽东思想、邓小平理论、“三个代表”重要思想、科学发展观以及习近平新时代中国特色社会主义思想为指导，旨在贯彻落实全国教育大会、新时代全国高等学校本科教育工作会议精神，扎实推进课程思政案例集建设。我们在编写过程中，始终坚持以下三个原则：一是始终以切实提升学生的思想认识和政治觉悟为目标。编写组将马克思主义基本立场、观点、方法贯穿于案例集始终，确保正确的政治方向、价值取向和学术导向，全面推动习近平新时代中国特色社会主义思想进教材、进课堂、进头脑，始终坚持以习近平新时代中国特色社会主义思想铸魂育人，充分发挥基层教学人员在立德树人、提高教学质量和人才培养中的核心作用。二是以融会贯通为己任。编写组以马克思主义理论研究和建设工程重点教材为基准，立足党的百年历史新起点，统筹中华民族伟大复兴战略全局和世界百年未有之大变局，为培育广大青年学生满怀信心积极投身于全面建设社会主义现代化国家而精心选取思政案例，继而深入挖掘思政元素，将思政元素和案例内容有机结合起来，打造经济史课程思政典型案例。三是坚持扎根于中国大地。编写组立足中国实践、聚焦中国问题，用中国理论阐释中国实践，用中国实践升华中国理论，据此来选取和编写课程思政案例。

我们在授课过程中发现，如果单纯就经济史而讲经济史，那么其思想政治教育的效果将难以达到预期目标，存在着与党和国家的大政方针的联系程度不够紧密等问题，因此我们有必要从党和国家的大政方针及领导人的讲话中，积累思政元素，提升政治站位，以此来凸显出经济史的课程思政内容。为此，我们在实际编写的过程中，构建了经济史课程思政的教学体系：以思政元素为引领，以教材内容为主线，以思政案例为基础，以教书育人为初心，以传道授业为使命，以价值塑造为目的，以成长成才为核心，以经济史实为依据，以中外比较为准绳，以融会贯通为目标，以经世济民为己任，以孜孜以求为路径。我们通过体系化的课程思政教育教学，落实立德树人根本任务，将价值塑造、知识传授和能力培养三者融为有机整体，全面推进课程思政建设，寓价值观引导于知识传授和能力培养之中，帮助学生塑造正确的世界观、人生观、价值观。在立德树人的工作中，价值比能力和知识更加重要；价值塑造是育人工作的第一要务，要将价值塑造的思政元素有机地融入能力培养和知识传授之中；充分挖掘经济史课程所蕴含的思政元素，做到春风化雨、沁人心田，切实达到育人成效。课堂教学是课程思政建设的出发点和落脚点，课程思政建设将在课堂教学的各个方面、各个环节中落地落实。

本案例集重点围绕政治认同、家国情怀、文化素养、宪法法治意识、道德修养等方面优化授课内容，旨在提升任课教师开展课程思政建设的意识和能力，帮助其系统展开课程思政教育，坚定学生理想信念，切实提升立德树人的成效。为此，我们在编写过程中始终坚持着以下“五个相结合”：

第一，思政元素和历史事件相结合。编写组根据价值塑人的导向，从经济史实中精心挑选思政案例，深入挖掘思政元素，联系党和国家的大政方针、主要领导人的讲话内容以及马克思主义经典作家的精辟论断等，将思政元素和历史事件有机结合起来，形成一个有机统一体。

第二，教材内容和思政内容相结合。教材内容是思政内容的载体，思政内容是教材内容的升华，将两者有机结合起来，能够更好地贯彻落实党中央关于思想政治教育的要求。课程思政是通过运作整个课程来实施思想政治教育的，在课程体系的设计中，牢牢抓住教材内容，深度挖掘思政内容，同时也以思政内容来升华教材内容。

第三，学术研究和课堂教学相结合。教学相长是我们编写本案例集的重要出发点之一。编写组在编写案例集的过程中，紧抓一条逻辑主线，即力争将最新的学术研究成果引入案例中来，将学术研究成果融入课堂教学。为此，本案例集节选改编了大量学术论文，以增强学生的学术研究意识。

第四，学术术语与趣味介绍相结合。在本案例集所选取的案例中，既有展开深入研究的学术成果，又有关于历史事件的趣味介绍，将这两者结合起来，既有助于提升学生的学习兴趣，也便于授课教师研讨相关知识点。

第五，经济史实与经济理论相结合。经济史的课程思政案例集，必然会涉及经济史实和经济理论的自洽问题，两者相辅相成，不可偏废。本案例集也在积极探索经济史实和经济理论的内在逻辑，试图把经济理论的形成和发展与所处的历史环境和背景结合起来，使其更加具有学术气息。

编写组根据马克思主义理论研究和建设工程重点教材《中国经济史》各章节的不同侧重点，以传授知识为载体，每一章都精心选取2~3个高度相关的课程思政案例，每个案例都精心提炼思政元素，以服务于课程思政建设目标，每个案例2 000~3 500字不等。案例的编写分为三部分，即思政元素、案例内容、案例评析。课程思政建设有利于充分激发学生的主观能动性，有助于学生形成“会学习、爱学习、学得好、用得活”的良性循环，实现“知识、思政、能力”高效协同发展的培养目标。

在此，我们有必要澄清一个事实，本案例集是在他人研究成果的基础上，对其他学者的已有研究成果的节选和改编，围绕着教学相长的目标，将他们的科研成果融入课堂教学。我们通过学习和改编其他学者的研究成果来增加在专业课程方面的积累。由于编者能力有限，仍有部分研究者未能够及时联系上，但在每个案例结尾处都有注明案例出处，如有涉及版权和研究观点等问题，敬请联系 zhangzhi8911@ 126.com，编写组将在后续的修订过程中，进一步优化相关内容。此外，我们将根据出版合同所约定的稿酬标准，给每一位原著者奉上稿酬。稿酬虽然微薄，但也是我们尊重原创性研究成果的一种表示。在此，我们向已经授权和没有及时联系上的专家学者一并致以衷心的感谢！您的研究成果为我们加强课程思政建设奠定了坚实基础，我们再次深表谢意！

张志

辛丑初夏书于西南财经大学格致楼

目录 CONTENTS

绪论 …………………………………………………………（001）

思政案例一 …………………………………………………（001）

思政案例二 …………………………………………………（006）

第一章　古代中国的人口、资源、环境与生产方式 ……………（011）

第一节　资源与环境 ………………………………………（011）

第二节　人口及其分布、增长与迁徙 ………………………（015）

第三节　生产方式 …………………………………………（017）

第二章　古代中国的农牧业 …………………………………（020）

第一节　农牧业的起源与发展 ……………………………（020）

第二节　农业政策措施 ……………………………………（023）

第三节　地权分配与租佃关系 ……………………………（027）

第三章　古代中国的工商业 …………………………………（030）

第一节　手工业 ……………………………………………（030）

第二节　商业 ………………………………………………（034）

第三节　民族贸易与对外贸易 ……………………………（036）

第四章　古代中国的财政与金融 ……………………………（040）

第一节　财政制度安排及其变迁 …………………………（040）

第二节　货币与货币制度 …………………………………（043）

第三节　借贷与信用 ………………………………………（046）

第五章　古代中国的发展的特征与成就 …………………………………（050）
第一节　经济结构与运行机制 ………………………………………………（050）
第二节　经济的波动与发展的阶段性 ………………………………………（053）
第三节　经济发展的成就与在世界经济发展中的地位 ……………………（057）

第六章　世界市场的扩张与中国经济近代化的起步 ……………………（060）
第一节　资本主义世界市场的扩张与世界经济格局的变化 ………………（060）
第二节　半殖民地半封建经济的形成 ………………………………………（063）
第三节　中国经济近代化的起步 ……………………………………………（066）

第七章　近代中国经济政策和制度的变化 ………………………………（069）
第一节　经济管理机构的变化 ………………………………………………（069）
第二节　政府经济政策法规的制定与演变 …………………………………（072）
第三节　财政金融政策与制度的变化 ………………………………………（077）

第八章　近代中国农业经济的发展 ………………………………………（082）
第一节　农业生产的发展 ……………………………………………………（082）
第二节　地权分配与经营方式的变化 ………………………………………（086）
第三节　农业生产结构和农产品商品化 ……………………………………（089）

第九章　近代中国工业的发展 ……………………………………………（092）
第一节　手工业的发展 ………………………………………………………（092）
第二节　近代工矿业的发展 …………………………………………………（094）
第三节　近代企业的组织形态 ………………………………………………（097）

第十章　近代中国第三产业的发展 ………………………………………（101）
第一节　商业与对外贸易的发展 ……………………………………………（101）
第二节　金融业发展与金融市场 ……………………………………………（104）
第三节　交通运输与邮电业 …………………………………………………（107）

第十一章　近代中国的经济增长与在世界经济中的地位 …………… (112)

第一节　近代中国的经济增长 …………………………………… (112)

第二节　产业结构调整、城市化与区域经济发展 ……………… (116)

第三节　近代中国在世界经济中的地位 ………………………… (120)

第十二章　当代中国经济发展的起点与制度选择 ……………… (124)

第一节　当代中国经济发展的初始条件 ………………………… (124)

第二节　工业化战略与社会主义经济制度的建立 ……………… (129)

第三节　计划经济向社会主义市场经济的转变 ………………… (132)

第十三章　当代中国农业的发展 ………………………………… (137)

第一节　农业经营制度 ………………………………………… (137)

第二节　农田水利建设和科技进步 …………………………… (141)

第三节　农业发展的成就和问题 ……………………………… (143)

第十四章　当代中国工业的发展 ………………………………… (147)

第一节　所有制结构和经营管理体制的演变 ………………… (147)

第二节　工业经济的发展与波动 ……………………………… (151)

第三节　产业结构演进与技术进步 …………………………… (155)

第十五章　当代中国第三产业的发展 …………………………… (159)

第一节　商业与对外贸易 ……………………………………… (159)

第二节　金融业 ………………………………………………… (163)

第三节　交通运输与邮电通信业 ……………………………… (167)

第十六章　当代中国经济发展的成就与进入中国特色社会主义新时代
………………………………………………………………… (171)

第一节　政府的作用及其职能转变 …………………………… (171)

第二节　经济增长、产业结构与收入分配体制的变迁 ……… (175)

第三节　城市化与区域经济发展 ……………………………… (178)

绪论

思政案例一

思政元素

习近平总书记曾强调，“历史是最好的教科书，也是最好的清醒剂”，“要教育引导广大党员干部发扬革命传统和优良作风”，传承红色基因，牢记初心使命，走好新时代长征路。我们要“筑牢信仰之基、补足精神之钙、把稳思想之舵”。

案例内容

中国作为一个历史悠久的文明古国，有着与西方不同的经济历史，在自身的历史发展过程中也采取了不同的经济模式。这种不同的经济历史和不同的经济模式是由不同历史时期的资源基础和相应的资源利用方式构成的，具体包括：不同时期以科技为核心的生产力、生产资料所有制、商品交换和商品经济发展的程度和形式、政府所扮演的不同角色、社会阶级的构成及其发挥的作用。

1. 以科技为核心的生产力是社会经济发展和制度变革的原始动力和初始动力

马克思主义认为，科学技术是构成社会生产力的重要内容。特别是在近现代社会，科学技术甚至成为第一生产力。这是因为不同的技术决定不同的生产方式，决定不同的生产关系，进一步讲，也就决定了人们的生活方式。尽管我们说科技是第一生产力，但是从长期历史上看，科技进步与制度变革是互为因果的。在历史发展的不同阶段，有时技术变革是主要矛盾，有时制度变革是主要矛盾。正是矛盾的转化构成社会进步的真实动因。

中国历史上出现过数次技术革命。第一次是定居农业的出现，这是经典的农业革命，在全球普遍发生，是人类历史上的第一次产业革命。在中国，定居农业出现于商代中期，即盘庚时代。有了定居农业就有了土地产权，封建制度也由此形成。第二次是以农业生产工具即铁器和牛耕为代表的农业革命，也就是第二次农业革命。在此基础上出现了土地的私有制及相应的家庭农业生产模式。第三次是以煤铁的广泛使用为标志的手工业技术革命，由此产生了专业的手工作坊并促进了商业流通的广泛发展。在此基础上出现了工商业城市，城乡二元社会开始形成。经历了这三次技术革命，中国传统社会实现了高度发展，并创造了高度文明。但是，中国在近代却没能发展出现代自然科学，因此传统技术未能实现飞跃，依然停留在传统技术阶段，没能实现第四次技术革命。这是中国近代落后于西方的基本原因。

2. 生产资料所有制构成不同时代的生产关系基础

这里的生产资料所有制指的是社会资源基础及其利用方式的变化。一切社会经济的发展都必须建立在一定的资源基础之上。迄今为止，社会资源基础不过是两种形态，一个是土地，一个是资本。由此而产生两种社会生产方式，即农业社会和工业社会。传统社会最重要的资源基础就是土地。所以，农业生产技术和土地制度是传统社会一切制度的基础。从中国历史上看，农业技术较早地出现飞跃式的变化，具体表现为铁制农具和牛耕的广泛使用，使家庭式的小农经营成为农业生产的主要方式。为了确保这种适宜的生产方式得以为继，历代政府坚持土地制度的调整，抑制土地兼并，并通过土地制度创设来维护小农经济基础。但在人口与土地资源之间始终存在一个矛盾，即小农经济以不断向土地增加劳动投入为主的增产方式必然受到土地边际生产力的制约。所以，历史上又一直存在土地兼并和集中的力量。这两种力量的矛盾构成中国历史上经济波动的主因，也是导致土地制度不断调整的主因。不过，到了近代，中国传统农业发展达到了自身的极限，如果没有外来因素的影响，这种状况仍将延续一定时期，但毋庸置疑的是，其最后的终结也是可预见的。

西方入侵和工业文明的来袭，加速了这种变革，因此，近代以来中国经济的主题转变为工业化。而工业社会的资源基础与农业社会根本不同，工业化过程实际上是资源基础由农业和土地向工业和资本转移的过程。这个转移过程围绕土地制度仍经历了一个十分艰难的纠结时期，具体来说，就是近代以来中国革命所经历的土地革命和土地改革，以及后来的合作化、集体化和改革开放以来的农村变革等。从中国近现代历史来看，中国既有围绕土地问题的矛盾，也存在围绕资本问题的矛盾。如洋务时期关于工业企业的“官办”与“商办”的争论，国民革命时期关于“发展国家资本”和“节制私人资本”的主张，以及社会主义建设和改革开放时期关于国有企业和民营企业的矛盾，等等。

3. 商品交换和商品经济的发展加速了旧的经济社会体制的瓦解

恩格斯研究了公社制度的解体并指出：“公社的产品越是采取商品的形式，就是说，产品中为生产者自己消费的部分越小，为交换目的而生产的部分越大，在公社内部，原始的自发的分工被交换排挤得越多，公社各个社员的财产状况就越不平等，旧的土地公有制就被埋葬得越深，公社也就越迅速地瓦解为小农的乡村。”而在文明社会的历史中，商品经济既是经济发展和社会进步的源动力，也是社会不稳定和社会变革的因素。中国历史上曾经出现过四次商品经济高潮：第一次是商代中期，第二次是战国时期，第三次是唐末五代到宋代时期，第四次是新中国改革开放以后。可以看出，每次商品经济高潮都是在统一的集权模式破局的情况下出现的，而每次商品经济高潮都导致中国社会经济结构的重大变化，并导致生产力的飞跃式发展。我们还可以看到，每次商品经济高潮引致的生产关系变革和生产力飞跃发展引起的社会结构的变化往往导致一些非经济因素出现，阻碍商品经济继续发展，比如社会经济利益结构的变化，社会阶层的分化和重组，以及新的阶级矛盾的出现，等等。事实上，这正是经济社会发展从变革到稳定的过渡。商品经济问题本质上是资源配置问题，既包括资源配置比例，又包括资源配置方式。

从传统社会历史上来看，由于社会生产的主要部门是农业，而工商业发展必然与农业争夺资源，在这种情况下，政府不得不采取重农抑商政策。但是，商品经济发展又始终是刺激社会生产力发展的革命因素，所以尽管受到政府政策的压抑，商品经济却总是能够自发地发展起来，并带动社会经济的发展与变迁。宋代以后，由于农业生产力有了较大进步，更多的资源可以用于非农业领域，人们的社会需求也日益多样化。为适应这种变化，社会最终放弃了抑商政策，这就使商品经济有了一个飞跃式的发展和进步。到了近代，一方面，农业发展遇到了瓶颈；另一方面，西方的商业革命和工业革命给我们带来了新的生产力要素，这就又一次刺激了商品经济的发展。不过，商品经济的问题到了近现代，则演化为工业化和市场经济问题。所谓工业化，就是如何突破农业发展瓶颈，实现社会资源基础的转移；而市场经济则是采取何种方式配置资源，以更快地实现工业化。这个问题直到改革开放以后才最终确定下来。但是，正如中国历史上每次商品经济高潮都导致社会剧烈变革和利益格局变化，并引起影响商品经济进一步发展的非经济因素的出现一样，市场经济的发展也产生了同样的结果，即一方面带来生产力的快速发展，另一方面也带来社会收入差距扩大和贫富悬殊问题。这些问题如不能妥善地解决，也同样会引起历史趋势的逆转。

4. 国家的作用主要是创设产权、经济调控和维持社会稳定

在中国历史上，国家自始至终发挥着重要作用。中国是在宗法制度基础上创建的国家制度，从而就形成了“家国一体”的传统。但国家一旦形成，就必然要承担公共责任。国家的最基本作用是创设产权和保护产权。从中国历史上看，各个朝代在立国初期都会对土地产权关系重新调整。从西周的“封邦建国”，到汉晋时期的“以名占田”，以及北魏和隋唐的均田，无不是国家调整土地产权的活动。宋代以后，国家“田制不立”“不抑兼并”，但仍要实施各种土地政策以保护各方的土地产权，特别是将保护土地产权作为主要目标。中国历史上的国家始终承担着重要的经济角色，包括国家建设基础设施、经营各种产业、实施产业政策，管理市场经济活动等。

近代以来，由于中国面临着工业化和民族独立的历史任务，政府不得不扮演更重要的角色，即发动工业化和推进制度变革。从晚清的洋务运动开始，直到新中国成立，政府无不将尽快实现国家工业化为己任，这也成为中国现代化的突出特色。国家扮演公共角色，提供公共服务，特别是近现代政府还要承担发动工业化的历史任务，因此其必须组织和动员大量的公共资源。为此，各代政府都建立了完整的资源动员体制，这个体制的主体就是赋税制度。国家通过赋役制度取得资源用于保护产权和公共服务，有效地保证了经济健康运行并在一定程度上促进了经济发展。但国家一旦产生就不可避免地成为一个相对独立的主体，并有着独立的经济利益。所以，政府不仅是公共部门，也具有经济人特征。政府的这种双重角色特点在中国历史上都表现得十分鲜明。可见，政府究竟将哪一种角色扮演得更好，在很大程度上决定了社会经济的发展水平。

5. 统治阶级的性质决定了一定的社会生产方式和社会的基本性质

毛泽东指出：“阶级斗争，一些阶级胜利了，一些阶级消灭了。这就是历史，这就是几千年的文明史。”从历史上看，每一个社会发展阶段都相应地有一个占统治地位的阶级。总体而言，占据统治地位的社会阶级，首先是代表先进生产力的生产阶级，他们是社会经济的主导部分。但是，这个阶级不可能始终代表先进生产力，而当其所代表的生产力已经过时的时候，他们必然成为阻碍生产力发展的落后阶级，也必然要退出历史舞台。近代以前的

历史上曾经出现过四个统治阶级：氏族贵族阶级、封建领主阶级、世族地主阶级和齐民地主阶级。这几个阶级分别代表当时社会的生产力。之所以说这几个阶级代表当时的社会先进生产力，是因为在当时的社会状况下，他们能够主导、推进或稳定社会生产。而在每个社会历史阶段，统治阶级之下还有一个广泛的被统治阶级，他们是社会经济的基础，是社会经济的基础部分。从中国传统社会历史来看，这个广泛的被统治阶级就是广大的小农及晚些时出现的小工商业者。

近代以来，中国社会的变化非常剧烈，阶级关系复杂多变，单一阶级集团占据统治地位的局面没有出现。不过总的看来，作为统治阶级的集团，是从单极向双极和多极发展的，反映了统治阶级的分化过程和趋势。而随着新中国的成立和社会主义改造的实行，旧社会的剥削阶级基本被消灭。每个不同的历史时代都有不同的阶级关系。这种阶级关系事实上是对当时社会经济关系的反映，一方面是不同阶级所代表的生产方式，另一方面是不同阶级所具有的经济利益。两方面相辅相成是构成阶级斗争的根本原因。诺斯指出："一个经济包含着不同集团的活动，这些活动具有不同的生产函数，以反映一个政治—经济单位的技术，资源基数和人口。"对一个阶级来说，它一方面是生产集团，另一方面是利益集团，作为生产集团它有不同的生产函数，作为利益集团它有不同的经济利益。政府必须代表一定集团的利益，设置符合该集团利益的产权结构。然而，决定社会经济增长和效率的是这个集团的生产函数，也就是这个集团或阶级所代表的生产力性质。所以，阶级斗争从表面看，反映的是阶级利益所决定的阶级矛盾；但从本质上看，反映的却是先进生产方式和落后生产方式的矛盾。在中国传统社会中，由于土地是最基本的生产资料，所以围绕土地而产生的阶级矛盾和由此展开的阶级斗争，构成了生产方式和社会变迁的主要动力。近代以来，由于工业化的进展，社会资源基础逐渐发生转变，阶级结构和社会矛盾也相应地发生转变。

案例评析

每个民族、国家的历史都具有独特性。中国历史的独特性是由中国历史的独特起点和历史所形成的"路径依赖"所决定的。中国社会经济史经历了四次重大变革，包括殷周变革、春秋战国变革、唐宋变革和近现代变革。这四次社会变革导致中国社会进入不同的经济发展阶段，包括封建领主经济、世族地主经济、齐民地主经济和社会主义经济。近现代变革既是中国由传统社会向现代社会的转变，又是中国社会性质的根本转变。中国经历了三次艰难选择，即传统与现代社会之间的选择、资本主义与社会主义之间的选择和社会主义计划经济与社会主义市场经济之间的选择。

（节选自高德步的《中国经济史的结构与变迁》）

思政案例二

思政元素

2018年11月26日，习近平总书记在第十九届中共中央政治局第十次集体学习时强调："重视吸取历史经验是我们党的一个好传统。历史记述了前人的成功和失败，重视、研究、借鉴历史，了解历史上治乱兴衰规律，可以给我们带来很多了解昨天、把握今天、开创明天的启示。"以史为鉴，可以知兴替。中华传统文化源远流长，史学资料汗牛充栋，这为我们深入了解、学习和认识中国经济史创造了条件。

案例内容

20世纪90年代以后，经济史研究逐渐有点迷失，有点失语。所谓再出发，首先要问的是，出发点在哪里？按照历史研究的思维习惯，现时的所谓起点，也就是过去的终点，或从过去走过来的一段路的一个中途驿站。认识起点，我们需要通过回望旧时路来辨识和定位，才可以看清楚再出发的方向，才不会走了回头路还以为在往前奔。

当代学术意义上的中国经济史研究，大致算来，已经走过了将近一百年。同中国历史学其他领域不一样，现代意义的经济史研究是从拓荒开始的，20世纪前半期，最早一代学者筚路蓝缕，开辟了中国经济史的研究道路。经过大约五代学者的努力，中国经济史的研究已经自成体系。作为社会科学化的历史研究，经济史需要有基本的理论假设，有明确的问题指向，也需要一套有严格逻辑关系的被大众共同接受的分析性概念体系。中国经济史研究在中国社会史大论战的背景下起步时，核心的问题来自对中国社会性质的认识，其基本假设是，中国虽然有古老的文明，但近代以后，社会经济发展落后于发达国家。开始的时候，研究者对中国经济发展是否一直停滞在封建主义而使资本主义不能发展起来，存在分歧，后来才逐渐形成了中国封建社会长期延续的共识。但是，由于资本主义萌芽论的提出，这种长期延续的共识被打开了一个探求中国经济现代化道路的窗口。

由此出发，中国经济史研究从一开始就以经济现代化为主题，具体而言就是资本主义化的问题。不同的学者虽然对这个问题的理解、表述和侧重点有很多不同，但在以资本主义经济为指向这一点上是一致的。中国经济史研究在这个阶段的成果是许涤新和吴承明先生主编的三卷本《中国资本主义发展史》，书名明确彰显了中国经济史研究的这条主线。在这条主线下，研究焦点富有争议，即所谓“资本主义萌芽”问题。中国经济史研究在实质上并没有走出原来的基本框架。当时中国经济史研究还是在资本主义发展史这个框架进行的，无论是过去的资本主义萌芽问题、封建地主经济问题，还是这些年来的近代化问题、大分流问题，都没有真正脱离资本主义发展这个核心议题。中国经济史研究依旧是在资本主义经济的逻辑下进行的分析。因而经济史研究的基本假设、理论范畴、概念体系和分析的逻辑，就一定是建立在以分析资本主义经济为对象的经济学基础上的。学界不仅在考察资本主义成长的历史时，使用分析资本主义经济的经济学分析框架和基本概念；在研究前资本主义经济时，也是从资本主义经济逆向推演出资本主义发展或不发展的逻辑，用从资本主义经济运行的经验性事实中建立起来的概念范畴来研究前资本主义经济。这种惯性的套路甚至已经成为一种范式。因此可以说，中国经济史研究走出资本主义萌芽的窠臼之后，在寻找新议题、新方向时，仍直接采用资本主义经济的概念提出问题和建立分析框架。

回顾中国经济史的研究历程，很多学者从一开始就意识到，在资本主义之上建立的经济范畴和分析概念，可以将其用于研究中国的传统社会，比如从社会史论战时提出的“宗法封建社会”和“商业资本主义”，在不同阶段一再提到马克思的“亚细亚生产方式”，还有梁漱溟提出的“职业分途”“伦理本位”社会，都隐含着一种脱离资本主义经济学逻辑的潜在倾向。我们对中国传统社会经济的认识，主要是在资本主义政治经济学的理论框架下建立的，但研究中国经济史的学者仍在努力提出一些命题，试图在中国经济的实态与资本主义经济学范畴之间存在的矛盾中做出调适。“地主制经济”和地主、商人、高利贷三位一体经济模式的提出，就是其重要的理论探索；将资本主义萌芽发生从明代一直往前推到战国，也隐含着学者对中国经济史实态的认识对既有经济逻辑的背离；还有傅衣凌先生提出的“弹性”和“多元”结构的理论和梁方仲先生提出的商业与商业资本“畸形发展”的见解，也都是从中国的经验事实出发提出的对既有经济学理论的质疑。进行中国经济史研究的前辈学者的努力给我们的启示是，中国传统社会的经济，与既有的、基于资本主义发展建立起来的经济理论明显不相嵌合，一些基本的概念和分析逻辑，并不能直接用于传统经济研究。

学界一般会把问题放在理论抽象与历史事实之间的矛盾中去讨论，放在卡尔·波兰尼区分“经济的”两种意义的界定中去讨论。卡尔·波兰尼提出，“经济的（economic）”有“实质的（substantive）”和“形式的（formal）”两种意义，“经济的实质意义派生于人类因生计而对自然和其伙伴的依赖。它涉及与自然和社会的环境进行相互交换，这种交换最终向他提供满意的物质财富。”“经济的形式意义派生于手段—目的关系的逻辑特点……如果我们认为支配手段选择的规则为理性行为的逻辑，那么我们可以权宜将这一逻辑的变体称为形式经济学”。波兰尼提醒说，“经济的”形式意义源于逻辑，实质意义源于事实。“只有‘经济的’的实质意义才能产生社会科学用以研究过去与现在任何经验性经济时需要的概念。”经济学规范理论与中国经济史实之间的矛盾，与其说反映的是理论与实际的关系问题，还不如说是“经济的”这两个意义之间的纠结。当前的经济史研究直接使用的是经济学分析概念和逻辑模型，都是在“经济的”形式意义上建立的，即作为“选择的科学”的经济学话语，而处理“经济的”实质意义上的经验性事实，也就是人类为生计向自然界攫取资源并透过各种社会交往形式获得财富的活动，总会同形式经济学的既有概念与逻辑相抵牾。虽然研究者一直努力要在这两个意义中找到妥协、连接，形成能够自圆其说的理论解释，但正如波兰尼所言，这两个意义其实是没有共同点的。在形式经济学主导经济史研究的范式下，在实质意义的“经济的”历史中所看到的事实，总是在质疑乃至挑战形式经济学的逻辑。

20世纪以来，形式经济学本身的发展，通过从“经济的”实质意义上的经验性事实中建立新的概念和方法，形成了更为完整也更具解释力的经济学理论。从新古典经济学到新制度经济学，形成经济学扩展为整个社会科学分析路径上的新制度主义，也为经济史研究打开了新的空间。这些发展，都只是丰富与完善形式经济学的努力，如果从“经济的”实质意义去建立可以做社会科学研究的分析性概念，对于前资本主义经济研究来说，其仍然是有待努力的。在这方面，西方世界的经济学已经有很多重要的成果，尤其是人类学等学科的研究对经济学产生了深刻的影响，非市场体制的经济学从理论到方法都已经逐渐体系化，但我们对中国经济史研究似乎还没有相应的进展。从这个意义上说，中国经济史研究的再出发，有两个可能的方向：一个是跟随经济学在20世纪以后的发展，以经济学的现代理论发展出来的新概念和分析方法，开拓经济史研究的新视域；二是更自觉地在经济的实质意义上着力，在经济史的经验性事实中建立具有解释力的社会科学分析性概念。这两个方向最终或许是殊途同归的，但目前在研究实践上，至少是两种不同的策略。

第一个方向，近些年来已经有越来越多的年轻学者在努力探索，其发展方兴未艾，此时评论为时尚早。至于第二个方向，在20世纪下半叶的中国经济史研究中，有一个重要的经济范畴，现在大家很少讲了，就是“地主制经济”。这个范畴的提出与对其认识的发展，是前辈学者在这个方向上探索的一个例子。最开始，学界努力把地主经济作为“封建的”经济的一种形式，用“封建的”经济范畴来诠释地主经济。胡如雷先生写《中国封建社会形态研究》的时候，虽然仍沿用封建经济形态的范畴，在《资本论》的框架下分析地主经济，但已经开始从经验事实中，建立了一些关于地主经济的新的分析概念。后来，李文治先生在关于地主制经济的研究中，也提出了一些与既有的理论逻辑不相契合的理论，包含了一些重要的新思考。随着“地主制经济”范畴研究的扩大，中国社会科学院经济研究所的学者们在20世纪80年代发起过一次关于地主经济和商品经济的关系的讨论，即在中国历史上，商品经济包含于地主制经济之中，是地主制经济的一个重要成分。这样一个命题意味着对交换和市场流通的理解不再必须被放置在生产分工及资源配置的逻辑框架下，也就不能用由市场经济体制产生的形式经济学逻辑去逆推分析传统经济体制下的商品交换市场。这对基于形式经济学形成的关于自然经济到商品经济演变的观点，隐含了一种颠覆的可能。

中国经济史学者越来越意识到，要在“经济的”实质意义的事实中形成超越形式经济学的社会科学概念。在这个方向上，吴承明先生是一个先行者。吴先生在20世纪八九十年代发表的文章，如果细酌其中之深意隽味，我们会发现其已经开启了往这个方向前行的思路，参见《论广义政治经济学》《试论交换经济史》《论二元经济》。吴先生认为，第一，研究中国历史上的传统经济，需要建立一套不是从资本主义经济学体系推演出来的经济史理论，这套经济史理论，不应该从形式经济学所诠释的事实中产生。第二，中国传统经济体制中，一直存在着相当规模的交换经济，这种交换经济的发生，不是基于分工和专业化，而是由从生产者手中掠夺的产品构成的，这种交换形成的市场，只是产品市场，不是要素市场。因此，对这种交换经济的认识，就不能从市场经济不发达到发达的发展轴上去理解。第三，在这个认识基础上，近代中国经济发展，不是一个从前资本主义到资本主义、从自然经济到市场经济的替代式的线性发展，而是传统经济体制与近代经济体制长期并存和互动的过程，构成所谓二元经济的结构。在 20 世纪 90 年代以后，吴先生和经济史学界，越来越多地用“传统经济”取代“封建经济”，显示出中国传统经济有很多问题，用现成经济理论中的“封建经济”来解释并不适用。“传统经济”这个用法只是一个放弃了“封建经济”之后的权宜说法。中国经济史的研究需要用一个不是从形式经济学中演绎出来的词来称呼中国资本主义以前的传统经济体制。

案例评析

通观数千年来中国历史和中国史学的发展，我们可以看到，一代又一代的中国史学家们及他们诸多的著述其实是在架构起一座连接过去、现在和未来的思想长桥、文化长桥。他们在忧国忧民的情怀和经世治国的抱负驱动下，为后世留下了一座包罗万象、气势恢宏的历史经验的巨大宝库，留下了一座丰富多彩、历久不衰的爱国主义的巨大宝库，值得我们认真继承和发扬光大。

（节选改编自刘志伟的《传统中国的经济史研究需走出形式经济学》）

第一章　古代中国的人口、资源、环境与生产方式

第一节　资源与环境

思政元素

2013 年 9 月 7 日，习近平总书记在谈到环境保护问题时指出：“我们既要绿水青山，也要金山银山。宁要绿水青山，不要金山银山，而且绿水青山就是金山银山。”这生动形象地表达了我们党和政府大力推进生态文明建设的鲜明态度和坚定决心。我们要按照尊重自然、顺应自然、保护自然的理念，贯彻节约资源和保护环境的基本国策，把生态文明建设融入经济建设、政治建设、文化建设、社会建设各方面和全过程，建设美丽中国，努力走向社会主义生态文明新时代。

案例内容

中华民族拥有极其丰富的生态文化遗产，先哲关于天人关系的深邃思考、古贤关于自然资源保护的精彩论说，吸引了中外众多领域的研究者，相关论著浩如烟海，学者向以“早熟”“先进”“高明”之类词语对其给予高度评价，但也面临着一个重要问题：何以中国自然资源和生态环境并未因为拥有早熟而且高明的思想理论而免遭严重破坏？因为相关思想理论与法令制度，自先秦以来并非持续进步的，更非同步发展的，而是伴随历史生态—社会关系变化的复杂情势而多生曲折、时有停滞。更重要的是，精英思想与民众意识之间，资源管控与百姓生计之间，国家法令、官员作为和民众行动之间，始终存在着很大差距，常常并未实现由知而能、既知即行。

古史传说：自黄帝时代开始，中国就产生了生物保护制度，如黄帝

“节用水火材物”“禹之禁”和商汤“网开三面”“德及禽兽”。《孟子》《荀子》《周礼》《礼记》《管子》《吕氏春秋》《淮南子》中许多资料都可证明：中国早在两千多年前就已形成系统的生物保护思想和制度，即就世界范围而言，其早熟性和先进性毋庸置疑。

其一，这些早熟的思想和制度是汉代以前社会经济转型和人与自然关系变化的必然产物，并非不可理解。春秋至秦汉时期，通过采集、捕猎而获取的天然物资乃是手工业生产资料的主要来源。那时“百工”生产原料，大抵都是天然出产的。资源过度损耗必定导致原料供给不足甚至产品链条中断，不仅难以满足统治者的奢华生活用度，而且严重影响国家军事实力。

其二，当时思想家对山林川泽之于国计民生的重要性、自然资源的有限性、野生动植物生长繁育的季节性，以及维持自然再生能力的必要性等问题，已经具备相当可贵的认识，基于这些认识而提出的许多思想主张，虽是为了解决那个时代的实际问题，但仍然具有当代价值。诸子常常把合理利用和积极保护山林川泽生物资源，上升到国家政治层面进行论说。这无疑是基于当时社会经济的实际——采集、捕猎对国计民生仍然具有重大意义。

其三，诸子论说生物保护，不论从消费层面讲节用去奢，还是从生产角度论以时禁发、取用有度，都主要是从国家政治着眼，基于“王道”“王政”考量。

相关思想和制度。上起西周下迄西汉，这一时期属于同一经济社会转型时期——采集、捕猎生产持续萎缩而“农本”经济模式逐步确立。在其中的后五百余年，社会变迁加速，人与自然关系随之显著改变，物质需求、生产方式与自然资源之间出现了严重矛盾，必然引起人们思想和行为上的反应。正是在这一背景下，思想家和政治家们普遍关注自然资源问题，相关理论逐渐形成，从而以礼为令、遵礼颁律和礼法互补的行为规范随之建立。国家以礼入律颁行具体法令，自然资源保护管理思想理论因而在一定程度上落实于对山泽之利的管控。

然而随着人口逐渐增多，各阶层对耕地的渴望日益强烈，对其他资源的需求也不断增加，失业人口流窜山泽谋取生计势不可挡，而富商大贾、地方豪强犯法违禁，招诱人口伐木采矿、冶铜炼铁、制贩私盐以谋取巨利。朝廷虽有律法，但从来只能控制升斗小民，豪强大族则与朝廷展开激烈的利益博弈。东汉时期，山泽管控已经不如西汉严厉，此后朝廷显贵、地方豪强愈益大立田庄、广开陂池，既擅自然之利，又享林泉之乐，西晋石崇的金谷园即是典型。

东晋“壬辰之科”的废止和刘宋“大明占山格”的颁行，意味着朝廷在法律上实际放弃了对山林资源的垄断，而权贵私家占山特权得以合法化，这一改制影响非常深远，是古代环境史上一个重大的转折点。此后山林川泽的产权名义上仍属国有，实则日益模糊，国家控制机制日渐缺失。从诸侯广设苑囿，到帝国专控山泽，再到朝廷放弃垄断，一以贯之的只是一个“利”字。围绕山林川泽资源利益，朝廷财税、势家私利和百姓樵苏生计的矛盾冲突越来越复杂，而自然资源保育的思想意识渐渐淡薄。

总体而言，在18世纪以前，自然资源和环境保护的主要内容是动植物资源保护，即通过控制采捕时间和强度，保护草木鸟兽鱼虫的孳育再生能力，使之不致耗竭灭绝。然而生物资源耗减，樵、猎只是原因之一，主要还是由于农田不断排挤林地草场，占夺野生动物的栖息之地。自姬周以农立国，中国便义无反顾地步入定向化的农业文明轨道。传统农业时代，人们尽可能地将旱地和水田拓展到一切可能的地方，以养活更多的人口。两千多年来，中国人口伴随战争动荡、王朝鼎革，屡经大起大落，在震荡之中曲线增长。就全国而言，直到明代传统农业技术条件下的自然资源（土地）承载力仍未提高。所以历代统治者最关心的问题是如何增加人口、田亩，做到人尽其力、地尽其利，这关乎朝廷赋役来源。在那种人与自然关系总体态势之下，人们向山林川泽获取野生资源以弥补耕织、饲养不足，被认为是正当的谋生。

然而，到了清代，情况发生了明显变化，其宏观背景是人口暴涨。人口史家认为，崇祯二年（1629年）全国人口曾达到1.9亿多，但明清之交因战乱和瘟疫下降严重，清康熙十八年（1679年）恢复到1.6亿，尔后高速增长。乾隆二十七年（1762年）人口突破2亿，五十五年（1790年）突破3亿，道光十四年（1834年）已经超过4亿。虽然诸家统计数字稍有出入，但可以肯定，从17世纪后期到19世纪中期短短150余年，人口连续突破3个亿级大关。正是这个“人口奇迹”，很快就把清朝子民推到空前未有的生计维艰的境地。从那以后，国家不再觉得天下人少，而是愈来愈担心人多无法养活。那个拐点刚刚过去三年，被誉为“中国马尔萨斯”的洪亮吉（1746—1809年）用两篇文章道出了一个令人震惊的观点——“治平之久，天地不能不生人；而天地之所以养人者，原不过此数也。”随着生齿日繁，土地产出根本无法满足需要，用今天的话来说，就是土地承载力有限。这无疑是对着数千年传唱的“治平”颂歌弹奏了一曲的反调！有趣的是，在随后的《百物》一文中，他还批驳了“天生百物，专以养人”的人类自我中心论调，与同时代欧洲思想家开始反对上帝为人造物的基督教自然观念可有一比。

先秦诸子的“王政”理想、中古士人的自然美感和宋明理学家的浪漫自然主义，至此都随着人口暴涨、资源耗竭、国家孱弱和民生日艰彻底崩塌。而此时的中国自然环境正在加速发生翻天覆地的变化，更需要关心的不再是虫鱼鸟兽，而是山林水土。

清中期以后，毁林垦种导致泉枯、土瘠、民贫的问题已被社会普遍关注，久居高堂的大官僚也都清楚。故官员论备荒事务亦以培育山林作为重要对策之一。毁山恶果远不只是祸及山区本身，更是关乎流域全局。在这个方面，清代历史教训至为沉痛，当时一批思想家和政治家的认识已经达到相当高度。魏源、陶澍、林则徐等一批施政经验丰富、思想见识卓越的人士都在思考水患根源及其解决方略，他们基本弄清了水患骤起的三大原因：一是山区“与林争地”过甚，造成山洪下泄速率加快，泥石俱下淤填湖泊、堵塞河道；二是平原肆意“与水争地”，侵夺湖泽，造成洪水无所停潴，滞洪能力严重下降；三是渚洲沙田垦殖，不断侵占江河水道，阻滞洪水宣泄。他们几乎无一例外地证实山区森林破坏在水患中的重要“贡献”，提出了不少对策，包括“退耕还林”。应该说，他们的观察是很用心的，思考也有见地，具有宏观意识。但在当时历史条件下，由于牵扯太多的复杂因素，特别是盘根错节的利益关系，他们大多可想而不可为，只能扼腕兴叹。

建立健全的自然资源管理和生态环境保护制度，是国家治理体系和治理能力现代化的一个重要方面，这需要深研国情，与时俱进；还需回望过去，借鉴历史。透过时间，纵深了解环境问题的积渐过程，提取过往时代的思想智慧和实践经验，为当代环境保护和生态文明建设提供经验借鉴。

案例评析

人与自然的关系是人类社会最基本的关系。自然界是人类社会产生、存在和发展的基础和前提，人类则可以通过社会实践活动有目的地利用自然、改造自然，但人类归根结底是自然的一部分，在开发自然、利用自然的过程中，人类不能凌驾于自然之上，人类的行为方式必须符合自然规律。人与自然是相互依存、相互联系的整体，对自然界不能只讲索取不讲投入、只讲利用不讲建设。保护自然环境就是保护人类，建设生态文明就是造福人类。历史地看，生态兴则文明兴，生态衰则文明衰。

（节选改编自王利华的《思想与行动的距离——中国古代自然资源与环境保护概观》）

第二节　人口及其分布、增长与迁徙

思政元素

2019 年 2 月 3 日，习近平总书记强调：“我们要在全社会大力提倡尊敬老人、关爱老人、赡养老人，大力发展老龄事业，让所有老年人都能有一个幸福美满的晚年。”

案例内容

乡饮酒礼是中国古代延续千年且影响深远的礼仪文化，其发展贯穿了先秦至清末的两千多年历程。其萌生于虞、夏、黄帝之时，氏族部落中的会食制度，起初仅是乡民欢乐共饮的会食活动。周代，为达到尊贤敬老的目的，在原先的宴饮活动上增加礼仪制度，使其更加完善。乡饮酒礼经过春秋战国、秦汉、魏晋、宋元时期的发展与变化，至明清时期，乡饮酒礼的发展进入顶峰，其不仅有尊老尚贤之意，亦被赋予政治含义。清道光年间，由于战争的爆发，政治军资扩大，清政府下令将乡饮酒礼的资费扩充军用，至此乡饮酒礼便在朝廷的号令下废止。

乡饮酒礼是一种特殊的饮酒仪式，其仪节与礼义区别于通常的燕飨礼。有关乡饮酒礼的记载，主要见于《仪礼・乡饮酒礼》《礼记・乡饮酒义》等先秦典籍。传统观点认为，乡饮酒礼是由乡大夫主持的饮酒仪式，目的在于考察贤能或敬养老人。乡饮酒礼在原始氏族社会中，萌生于氏族部落祭祀之后的会食活动。“乡”如两人围着食器相对而坐，本意为乡人共食。乡饮酒礼之“乡”，其原始意义并非“乡遂”之“乡”，而是“飨宴”之“飨”。最初的“飨酒”扩展到乡大夫阶层以后，乡大夫得以定时举办饮酒仪式。流传既久，此仪式之名遂逐渐定型，而约定其主人为乡大夫。而乡饮之“乡”，亦成为乡遂之义。所以说，乡饮酒礼的“乡”字，经历了字义由“飨宴”至“乡遂”的转变。历代礼学家在论述乡饮酒礼时，都缺乏对这一字义转变的关注。

在秦代，秦用法家思想，在统一六国之后，继续推崇法家，抵制儒家，在全国范围内强势推行“以法为教”的政策，采用法令约束群臣百姓，而非德礼教化，至此德礼教化性质的乡饮酒礼便在这段时期内遭到压制、废弃。在汉代，乡饮酒礼随着儒学的兴起而复兴。汉初，黄老思想盛行，具有儒学性质的乡饮酒礼并未得到政府的支持，仅在个别地方社会中举行。至汉武帝时期，为适应当时政府环境的需要，其推崇儒家，实行“罢黜百家，独尊儒术”的政策，至此乡饮酒礼在国家社会制度下逐渐普遍化。

唐宋元时期，随着社会政治制度的发展，乡饮酒礼已不单指一项具有敬老养老性质的礼仪活动。在唐时期，“宾贡”职能从乡饮酒礼的范畴中脱离出来，逐步与科举制度相结合，成为宴请举人、举行乡饮礼的“宾贤能”之制，其被定名为乡饮酒礼，具有敬老养老性质的乡饮酒礼改名为“正齿位”之礼，以此将两种性质的乡饮酒礼区分开，内容形式也发生变化，即此时期乡饮酒礼“正齿位”“宾贤能”内容形式发生转变。南宋至元时期，乡饮酒礼在官方实行得并不稳定。在地方上，乡饮酒礼则成为以地方儒士为主角的活动，在地方儒学中实行，成为一种儒林之间交流会拜的活动。

在明代，乡饮酒礼不仅仅是别贵贱、序长幼的礼仪文化活动，明统治者为灌输忠孝之道、维护社会稳定，强制推行社会教化，在乡饮酒礼中兼宣律令，将礼与法律制度相结合，使其成为官府对民众普法说教的工具，此时的乡饮酒礼相比前朝，更制度化、强制化。明朝的乡饮酒制度化的作用主要表现在乡饮酒礼的费用由国家支出，以及将善恶之人分坐，起正面教化、反面戒谕两方面。在清时期，乡饮酒礼更具法律化。清统治者推崇儒家，采用德礼教化的理念治理国家。在顺治初年，清便着手恢复乡饮酒礼，起初，采用明制；乾隆年间，依据古籍对乡饮酒礼的规格进行修订、完善，并在民族实行的问题上，将满汉合为一体举行乡饮酒礼。

乡饮酒礼作为一种贴近基层民众的礼仪文化活动，是礼乐文化的完美结合体，虽说乡饮酒礼已从新中国历史舞台上消失，但它蕴含的精神内涵和所发挥的敬老尊老、宣法普法、稳定社会秩序的积极作用没有泯没。中国优秀传统文化是中华民族的精神命脉，乡饮酒礼文化作为中国优秀传统文化的一分子，所孕育的内涵对当今社会教化百姓、提升民众修养、稳定社会管理方面都具有一定的启发与借鉴意义。

案例评析

中华民族具有孝老爱亲、尊老敬老的传统美德。习近平总书记用实际行动，践行“老吾老以及人之老”的孝道理念，在执政中把养老、孝老、敬老的具体措施落到实处，真正做到老有所养、老有所医、老有所为、老有所乐；将“孝道”提升到“为人民服务”的国家治理层面，纳入社会主义核心价值观中进行宣传教育。这就使“孝”体现为大孝、大爱、大义，为孝道美德注入了丰富内容和新的活力，开辟了新时代孝道观念的新境界。

（节选改编自高丽霞的《“乡饮酒礼演变”之研究现状（2000—2015）》和晏青的《乡饮酒礼起源新探》）

第三节　生产方式

思政元素

“中国要强，农业必须强；中国要美，农村必须美；中国要富，农民必须富。”2013 年 11 月 28 日，习近平总书记强调：“农业出路在现代化，农业现代化关键在科技进步。我们必须比以往任何时候都更加重视和依靠农业科技进步，走内涵式发展道路。”

案例内容

上溯三代以上，几乎每个中国人都是农民。中华民族依赖小农经济养育人民、生生不息。小农经济在中国有着悠久的历史，滥觞于春秋战国延续于当代中国。其间，中国社会制度几经变迁，已由最初的奴隶制度演进到社会主义制度，小农经济也随着社会制度的变迁而变换着具体的形态。需要指出的是，当代中国的小农经济是区别于旧式小农经济的、建立在家庭联产承包责任制基础上的新式小农经济，即中国特色社会主义小农经济。如今，在农业现代化的号角下，小农经济的去留问题一度成为学界争论的焦点。

小农经济作为自然经济的一种，构成了封建社会的经济基础。马克思、恩格斯认为，传统的小农经济正是中国“整个陈旧的社会制度”衰而不败、倾而不倒的根基所在，古老的中国要发生蜕变必需变革这一经济基础。马克思指出，小农业和家庭工业的统一形成了中国生产方式的坚实基础。与西欧封建社会相比，中国封建社会漫长而又稳固，以至于进入资本主义时代而不自知。“这是中国封建社会内部经济基础与上层建筑多种因素造成的，情况是复杂的，又是互有影响与具有因果关系的，然而究其根源，还在于经济基础”。这个“经济基础”就是马克思指出的以小农业和家庭手工业相结合为特征的小农经济。当然，小农经济也存在于奴隶社会、资本主义社会和社会主义社会，但只在封建社会中扮演经济基础的角色。

在封建主义社会，小农经济的主体是农民，包括自耕农、半自耕农和佃农三种类型。其中，自耕农是最为典型的小生产者，也是半自耕农和佃农努力的方向。马克思认为，小生产“只有在劳动者是自己使用的劳动条件的自由私有者，农民是自己耕种的土地的自由私有者，手工业者是自己运用自如的工具的自由私有者的地方，它才得到充分发展，才显示出它的全部力量，才获得适当的典型的形式”。在小农经济条件下，农民以家庭为单位独立地经营。独立经营的农户，不仅要耕田，还要从事农村家庭工业，即恩格斯所说的“农户自己也制造自己使用的工业品”，从而基本实现自给自足。马克思认为，尽管这种“独立”是相对的（因为所有的农民无不受制于地主），它还是造就了一种局限于家庭范围内的狭隘的生产关系，祖祖辈辈周而复始，从而阻碍了新思想、新观念的产生和传播。马克思还强调：“这种独立性，不会因为这些小农（例如在印度）相互组成一种或多或少带有自发性质的生产公社而消失，因为这里所说的独立性，只是对名义上的地主而言的。”因此，从小农经济社会的内部很难产生革命性因素，不论是生产技术还是社会发展方面。

诚如马克思在评价印度农村公社时所说的：“这些田园风味的农村公社不管看起来怎样祥和无害，却始终是东方专制制度的牢固基础，它们使人的头脑局限在极小的范围内，成为迷信的驯服工具，成为传统规则的奴隶，表现不出任何伟大的作为和历史首创精神。”可见，小农经济虽然在历史上起过一定的积极作用，但从长远来看，它的保守性不利于社会的发展和进步，因而马克思、恩格斯对其持否定态度。问题是，中国传统的小农经济结构显得异常坚固，这不仅与小农经济生产条件简单有关，更大程度上得益于古代中国历代王朝的重农政策。自春秋战国末年中国进入封建社会开始，在两千多年的封建社会中，农业始终被放在社会经济发展的首位，并且历代王朝基本都推行“重农抑商”政策。

封建社会中的农业归根结底就是小农经济，地主阶级虽占有土地，但具体的经营主要还是由小农完成的。封建国家的重农政策使得小农经济长盛不衰，即便因战乱或自然灾害而遭到局部性毁坏，也能在灾后短时间内恢复。因为小农经济最主要的生产资料是土地，农民有了土地，使用简单的劳动工具就能进行生产。经济基础决定上层建筑，小农经济长期在社会经济中占据统治地位，使得古代中国虽发生过无数次的农民运动或王朝战争，其政权却始终在封建主义框架内兜圈。基于这一事实，马克思在太平天国农民运动结束十余年后对其做了这样的评价：“这种现象本身并不含有什么特殊的东西，因为在东方各国我们总是看到，社会基础停滞不动，而夺得政治上层建筑的人物和种族却不断更迭。”因此，中国要实现变革，要从这种陈旧的社会制度中解放出来，就必然要消灭至少是摧毁其赖以存在的经济基础——小农经济。

马克思已经指出小农经济是产生不了历史首创精神的，即从其内部难以产生瓦解的因素。在这种情况下，外来因素的破坏作用在一定程度上就成为“历史的不自觉的工具”。基于这种分析，马克思、恩格斯虽然谴责西方列强入侵中国并对中国人民的遭遇持同情态度，但也指出其对“依靠小农业与家庭工业相结合而存在的中国社会经济结构”具有破坏作用。

马克思说：“各民族之间的相互关系取决于每一个民族的生产力、分工和内部交往的发展程度。”鸦片战争前后的中国，是一个地道的以小农经济为主的落后的农业国，社会生产力低下，分工不发达，内部交往也不频繁。反过来，内部交往的不频繁又制约着社会生产力的进一步发展，即马克思所指出的：“生产本身又是以个人彼此之间的交往为前提的。这种交往的形式又是由生产决定的。”可见，中国的小农经济限制了整个民族对外交往的需求，并且导致其在被迫对外交往中处于不对等的劣势地位。一句话概括，小农经济的长期存续不利于普遍交往的形成与发展，不利于人类解放事业的推进，不利于共产主义社会的实现。

案例评析

生产方式是社会发展的决定力量，是社会生活的物质基础。在中国古代社会，以土地私有制为基础、以家庭为基本生产单位、以男耕女织的耕织结构为基本特征的小农经济一直居于传统农业经济生产方式的主导地位。

（节选并改编自徐芹《马克思恩格斯论中国小农经济及其现实启示》）

第二章　古代中国的农牧业

第一节　农牧业的起源与发展

思政元素

2020 年 12 月 28 日至 29 日，习近平总书记在中央农村工作会议上说："历史和现实都告诉我们，农为邦本，本固邦宁。我们要坚持用大历史观来看待农业、农村、农民问题，只有深刻理解了'三农'问题，才能更好理解我们这个党、这个国家、这个民族。"他强调："全党务必充分认识新发展阶段做好'三农'工作的重要性和紧迫性，坚持把解决好'三农'问题作为全党工作重中之重，举全党全社会之力推动乡村振兴，促进农业高质高效、乡村宜居宜业、农民富裕富足。"

案例内容

马铃薯属于茄科一年生草本植物，在全世界共有 8 个栽培种和 150 多个野生种，它起源于美洲大陆。关于马铃薯传入中国的具体时间，至今仍有争论。而中国幅员辽阔，南北东西气候差异大，马铃薯由多条路径、分多次传入中国的可能较大。据史料记载和学者们的考证，马铃薯可能由东南、西北、南路等路径传入中国。荷兰是世界上出产优质马铃薯种的国家之一，在盘踞台湾期间，荷兰人将马铃薯带到台湾种植，后经过台湾海峡，马铃薯传入广东、福建一带，并向江浙一带传播，在这里马铃薯又被称为荷兰薯。

西北路马铃薯由晋商自俄国（今俄罗斯）或哈萨克汗国（今哈萨克斯坦）引入中国。并且由于气候适宜，其种植面积扩大，"山西种之为田"。南路马铃薯主要由南洋印尼（荷属爪哇）传入广东、广西，在这些地方马铃薯又被称为爪哇薯，然后马铃薯自此又向云贵川传播。此外，马铃薯还有可能由海路传入中国。马铃薯传入中国之后，由于其具有特有的生物学特性，所以其传播呈现出传播链短、传播容易中断、传播路线难以描绘的特点。在气候适宜地区，马铃薯种性稳定，能够持续生长，成为当地的重要作物。而在中国南方低海拔地区，马铃薯在无性繁殖过程中有严重的退化现象，如植株矮化，出现花叶、卷叶、皱缩叶问题，使产量降低，病害积累等，在传播过程中出现绝种现象，发生传播中断。在科学技术不发达的时代，马铃薯的这一特有的生物学特点使得它的传播经历了曲折的过程。

早期马铃薯通过各种途径传入中国之后，其传播区域集中稳定在气候适宜、利于其生长发育和种性保存的高寒山地及冷凉地区，如四川、贵州、云南、湖北、湖南、陕西等地的山区。四川的方志中有较多关于马铃薯的记载内容，其中以山区尤为集中。据不完全统计，19 世纪的四川方志中关于马铃薯相关内容的记载有 15 条，而在其他地区马铃薯被载入方志的则较少。虽然方志中没有记载，并不能说明马铃薯在该地区没有栽培，但这至少可以说明，马铃薯尚没有被作为主要作物来栽培。这一时期马铃薯的种植传播，主要依靠自然冷凉的气候条件。

20 世纪起，随着世界范围内试验科学技术的发展与国际交流的加强，马铃薯在中国开始了进一步的传播与扩散，山西、甘肃、辽宁、吉林、黑龙江、福建的方志中开始有马铃薯的记载。它的传播与扩散主要表现在两个方面：一是传播区域的扩大，在科学技术进步和社会经济发展的共同作用下，种植区域由气候适宜的高海拔、高纬度冷凉地域向低海拔、湿度大、容易引起马铃薯退化的地区扩散传播；二是播种栽培面积的增加，由于自然灾害、病害、制度变化等因素，播种面积虽然有一些波动，但整体播种面积不断扩大。

自 20 世纪初开始，马铃薯在中国的传播区域不断扩大，与番薯、玉米的辐射式传播方式不同，马铃薯早期的传播具有按气候分区覆盖的特点，在海拔 1 200 米以上气温较低的适宜气候区，如西南、西北各地高寒地区，马铃薯的生长良好，成为当地重要的粮食来源。从 19 世纪末至 20 世纪初，随着马铃薯栽培技术的进步和国际范围内技术交流的增加，马铃薯的传播区域不断扩大，方志中对马铃薯栽培有记载的省级单位增加了如下几个：上海、新疆、山西、福建、甘肃、台湾、吉林、黑龙江、辽宁等。马铃薯的传播区域有较大的扩大发生在 20 世纪中期。20 世纪 40 年代马铃薯在国民党管辖区、日伪占领区和抗日根据地都得到大量种植。随着科学技术的进步，以及对种性退化、用种量大、病害等一系列技术障碍的突破，加之马铃薯本身的生物学特性，20 世纪中后期马铃薯迅速在全国各地传播开来，原来种植马铃薯较少的地区如江西、广西、江苏等地也开始规划、引种，扩大种植面积。

马铃薯经过近百年的传播发展，到 20 世纪 80 年代，在我国基本形成四大生产区域，即北方一季作区，中原二季作区，南方三季作区，西南一、二季混作区，在全国范围内有 50 多个推广品种。

马铃薯的种植规模在 20 世纪中叶之后经历了发展、调减、回升的过程。在 1950—1970 年，马铃薯的种植面积不断扩大，产量不断增加，1970—1985 年马铃薯的种植面积下降，自 1986 以来种植面积持续回升。20 世纪 80 年代早期马铃薯的种植面积保持相对的稳定，从 80 年代后期开始，随着国际贸易的繁荣发展，马铃薯生产不再仅仅用作粮菜，其生产也走出自给自足的限制，开发了许多其他用途如制取粘合剂、味精、饴糖、葡萄糖、乳酸、醋酸等，促进了马铃薯播种面积的不断增加。

今天马铃薯在我国人民的生活中占有重要的地位，它的迅速传播扩散，尤其 20 世纪以来，其栽培面积的不断增加，一方面是由其生物学特性所决定的，另一方面社会经济发展、制度变迁和科技的进步也影响了马铃薯的进一步传播与发展。

在中国，马铃薯的传播受文化的影响较小，但社会发展状况和社会需求对其传播扩种有着重要的影响。平原地区，马铃薯的传播需要克服种性退化和用种量大两个重要障碍，而突破这些障碍的条件是相应社会科研、推广服务机构的成立。因此，马铃薯在中国大面积的传播发展的第一个社会条件是生物学科学思想的传播及相关科研工作的开展。1898 年严复译著的《天演论》首次介绍了“物竞天择，适者生存”的生物进化思想，在中国思想界产生较大的影响。1905 科举制度废除，新学兴起。此后，随着社会的进步，国内外交流的增加，国内开始实施农政新法，积极介绍引进欧美先进农学知识，介绍马铃薯种植、加工的技术、方法被大量引入。随着马铃薯的栽培留种技术的进步，新品种被大量引入培育。

促进马铃薯在中国广泛传播的第二个社会条件是社会需求。随着内外交流的增多，从 1692 年起清廷下令允许更多外国传教士在华开展传教活动，欧美及日本等有食用马铃薯习惯的人越来越多地进入中国，这也是促进马铃薯传播种植的因素之一。到 20 世纪三四十年代，日寇入侵，战乱频繁，社会对粮食的需求进一步扩大。马铃薯粮菜兼用，产量大，当时亩（1 亩≈666.67 平方米，全书同）产为 500～1 500 斤（1 斤＝0.5 千克），而细粮亩产平均在200斤左右，因此马铃薯作为重要的救荒粮食在全国各地大力扩种。陕甘宁边区通过示范区、展览会、技术资料宣传等方式有力地促进马铃薯的扩种。20世纪40年代是马铃薯在中国传播的关键时期，50年代初期的严重自然灾害更是进一步促进了马铃薯的传播，并且中央农业部的重视与指导给马铃薯的传播创造了良好的科研、推广条件。自此马铃薯开始了有计划、有步骤的推广传播。

从世界范围内来看，马铃薯因其高产、耐贫瘠的特性而得到大力传播，现已成为继水稻、小麦、玉米之后第四重要的粮食作物。在不同时期，马铃薯在中国的传播扩种对我国的经济和社会产生的作用与影响都表现为救荒济民。

马铃薯在中国传播的早期，作为粗粮的首选，它的重要作用体现在它的救荒作用。第一，在高寒生态环境恶劣不适合其他谷物生长的地域，马铃薯的传入成为当地人民赖以生存的重要粮食来源。方志中有诸多这样的记载，在粮食贸易不发达的时代，马铃薯在一定程度上解决了高海拔地区人民的生计问题。第二，在社会经济条件恶劣、人口压力剧增的时代，马铃薯营养全面均衡、产量高、生长期短等特点使得它极大程度上缓解了人粮矛盾。

案例评析

俗话说，民以食为天，我国14亿多人（2021年5月第七次人口普查数据）要吃饭。只要粮食不出大问题，中国的事就稳得住。习近平同志以战略家视野审视“饭碗”问题，他在2013年山东农科院召开的座谈会上说：“历史经验告诉我们，一旦发生大饥荒，有钱也没用。解决13亿人吃饭问题，要坚持立足国内。”他强调：“农业基础稳固，农村和谐稳定，农民安居乐业，整个大局就有保障，各项工作都会比较主动。”

（节选并改编自丁晓蕾的《马铃薯在中国传播的技术及社会经济分析》）

第二节　农业政策措施

思政元素

2020年8月18日，习近平总书记在安徽省考察调研时强调：“愚公移山、大禹治水，中华民族同自然灾害斗了几千年，积累了宝贵经验，我们还要继续斗下去。”

案例内容

中国地处欧亚大陆东部，许多地方常常受到干旱的威胁，因此，灌溉对农业生产具有特别重要的意义。中国古代灌溉用水以河水为主，也有用泉水、井水的情况。水利工程种类极多，灌溉设施不一而足。引水渠首分为有坝引水和无坝引水两种类型，渠道则有干渠、支渠和小支渠等，与之配套的还有斗门、节制闸、泄洪闸、退水闸、渡槽、涵洞等水利设施。这些设施种类多，大小不一，都是与农田灌溉密切相关的，旨在通过畦灌、沟灌、淹灌或其他灌溉形式改良土壤，补充水分，提高农作物的产量。农田灌溉包括两个系统：一个是河灌系统，利用地表水进行灌溉；一个是井灌系统，利用地下水进行灌溉。两个系统相得益彰，有异曲同工之妙。

1. 河灌

河灌即引河水、湖水进行灌溉。从现存历史地理文献来看，中国古代修建的水利工程大部分都与河灌有关。因此，可以肯定地说，河灌是中国古代农田水利的主要形态。中国河灌的历史可以追溯到商周时期。商周时期的井田可能就是引用河水进行灌溉的。周定王五年（前 602 年）孙叔敖引期思水（在今河南固始县西北）灌溉雩娄（今安徽金寨北）土地。这是文献中有关河灌的最早记载。魏文侯二十五年（前 422 年），西门豹治邺，开漳水十二渠以灌溉农田。秦昭王三十年（前 277 年）前后，李冰出任蜀守，主持修建都江堰，促进了成都平原农业的发展。秦王政元年（前 246 年），水工郑国在渭北地区主持修建了郑国渠，灌田四万顷（1 顷≈0. 066 7 平方千米）。此外，成书于战国时期的《管子》等书对当时的灌排渠道、堤防设计及施工技术也有所论述。由此可见，在先秦时代，中国在引河灌溉方面就已经取得了辉煌的成就。秦汉时期是中国水利事业发展的一个高峰，政府在农田水利建设方面投入了大量的人力物力，修建了一系列水利工程。尤其是在汉武帝当政时，“用事者争言水利，朔方、西河、河西、酒泉皆引河及川谷以溉田，而关中辅渠、灵轵引堵水，汝南、九江引淮，东海引钜定，泰山下引汶水，皆穿渠为溉田，各万一顷，佗小渠披山通道者，不可胜言”。元朔、太初年间（前 128—前 101 年），在河套地区、宁夏平原、河西走廊广开河渠，引水灌溉。还在关中东北部的洛河上开龙首渠，在关中平原上开凿漕渠、龙首渠、六辅渠、白渠、灵轵渠、成国渠、樊惠渠等水利设施，引泾、渭、洛诸水进行灌溉。始元元年（前 86 年）至元平元年（前 74 年），在西域兴修水利，广置屯田。这些水利设施的出现，说明秦汉时期的河灌比较普遍，从中原到边疆呈现出全面发展的态势。魏晋南北朝时期，中国处于大分裂的状态，水利建设受到一定影响，但仍出现过一些引河灌溉工程。如曹魏嘉平二年（250 年），刘靖在蓟城（今北京）西筑戾陵堰，开车箱渠，引湿水（永定河）灌田。北魏太平真君五年（444 年），刁雍在宁夏平原修复汉代的艾山渠，溉田 4 万余顷。太和三年（479 年），沈文秀在怀州大兴水田。四年（480 年），薛虎子在徐州兴修水利，灌溉农田。孝明帝时，幽州刺史裴延儁在范阳等地修复督亢渠及戾陵诸堰，“溉田百余万亩”。出帝时，南荆州刺史李愍“于州内开立陂渠，溉稻千余顷”。北齐文宣帝在国都邺城附近修建了漳滨堰。西魏大统十三年（547 年）正月，“开白渠以溉田”。大统十六年（550 年），大将军贺兰祥在渭北修筑富平堰。北周武帝时，“于蒲州开河渠，同州开龙首渠，以广灌溉”。又如刘宋时曾对芍陂和六门堰进行修复。南齐时，会稽太守王敬则令“士庶皆保塘役”。梁武帝比较注重漕运及灌溉事业，在江淮之间及孙吴故地做缘准塘、浮山堰、荆山堰、宿预堰、曹公堰、寒山堰、苍陵堰，在某种程度上推动了江南农业的发展。

隋唐五代时期是中国水利建设发展的又一个高峰，留下了不少引河灌溉工程。这些工程大体上可分为三类：一是维修前代的水利工程，如开元九年（721 年），三辅郑白渠受到王公碾硙的侵害，玄宗令京兆尹李元纮“一切毁之”，修复渠道，使“百姓大获其利”；二是对隋唐以前和唐代本身修建的一些水利工程进行增修和扩建，如开元二十七年，刺史李琎增修朗州武陵县之北塔堰，接古长陂，由黄土堰注白马湖，分入城隍及故永泰渠，溉田千余顷；三是创筑新的水利工程，如开元二年并州文水县令戴谦凿甘泉渠、荡沙渠、灵长渠、千亩渠，俱引文谷水，灌田数千顷。像这样的事例很多，不胜枚举。

宋元明清时期，政府对河灌仍比较重视，尤其重视用河水淤灌。如宋仁宗嘉祐五年（1060 年），将河东路引洪淤灌的经验推广到 9 州 26 县，并编成历史上最早的引浊水灌溉的专著（已佚）。熙宁二年（1069 年）至元丰二年（1079 年），引黄河、汴水、漳水、滹沱河水淤灌两岸农田。这一时期水利建设的重点在关中等地。当时关中最主要的水利工程仍旧是引泾灌溉工程。泾渠在明代为广惠渠、通济渠，在清代为龙洞渠。据《明史》《清史稿》和明清陕西方志记载，明清两代对泾渠进行了 20 余次修整。从雍正

《敕修陕西通志》卷 39 至卷 40 的《水利》及民国《续修陕西通志稿》卷 57 至卷 61《水利》的记载来看，明清时期关中地区水利建设的一个显著特点是小型灌溉得以发展，特别是在渭河以南地区，小渠道的数量大大超过了前代。据统计，清代曾在关中地区修建过 200 多个水利工程，如关中西部的凤翔府在秦岭北麓几个谷口开渠引水溉田 500 余顷。至于引泉灌溉的情况也很普遍，明代地理学家王士性说他来到这里，颇有“依稀江南”之感。关中东部地区水利较西部更为发达。华州境内的西溪、东溪、北溪、教坊及清湫诸水，皆有灌溉之利。同州属县多引水溉田。关中中部是关中水利最发达的地方，除广惠渠外，在渭北的诸河沿岸，还修有一些引水渠，如冶谷水上有灌渠七条，引水灌溉云阳北面的高仰之地，三原县则多引清、浊二谷之水灌田。就全国而言，水利建设呈现出规模小，数量多的特点。

2. 井灌

井灌即引井、泉等地下水进行灌溉。中国古代凿井灌溉的历史同样很早，商周时代就已经有了井。井不仅可以用来取水饮用，而且可以用来取水浇田。一般说来，凿在庭院及其附近的井是用来取水生活的，凿在田间的井则是用来灌溉的。春秋战国时期，就有利用井泉进行灌溉的记载。自秦汉以来，随着农业的发展，特别是地表水的减少，井灌越来越普遍，时间离我们越近，田间的井就越多。据文献记载，秦汉至隋唐时期，用井、泉等地下水进行灌溉的情况已经比较常见。考古工作者曾在洛阳烧沟汉墓中发现两汉水井模型 97 件之多，在北京宣武门一带发现陶管井 100 余口。水井的用途虽然很多，但设在田间、带有管道和水槽的水井无疑与灌溉有一定的关系，如洛阳汉墓出土的陶井，在辘轳井架上有两个交替汲水的水桶，井旁设有长条状的水槽，表示汲出的井水经水槽流入沟渠，用以灌溉农田。这一时期最著名的井渠工程是汉武帝时期的龙首渠工程。当时征调一万多人开渠，渠道由征县（今澄城县）境内开始，经商颜山（今铁镰山）至临晋平原。工程进行到商颜附近时，采取了当时最先进的井渠法。《史记·河渠书》载：“乃凿井，深者四十余丈。往往为井，井下相通行水，水颓以绝商颜，东至山岭十余里间。井渠之生自此始。”井渠法施工的成功，反映了龙首渠建设中高超的测量技术。

宋元明清时期，凿井灌溉的情况更为普遍。以关中地区为例，《续修陕西通志稿》载：康熙二十八九年陕西大旱，户县王丰川睹救荒无术，而汲井灌田少获升斗之粟，遂著井利说，以为西安渭水以南诸县十五六皆可井，富平、蒲城二县井利颇盛，风翔八属水利可资处又多于西安，而弃置未讲者亦多于西安，主张大力发展井灌。乾隆二年，崔纪巡按陕西，于五月十日饬各县相地凿井。11 月 28 日奏报陕西共凿井 68 980 余口，约可溉田 20 万亩。由于当时督催过严，奉行的人有所粉饰，实际上并没有那么多井，也没有那么大的灌溉效益。乾隆三年三月，崔纪因“办理不善”而受到乾隆皇帝的批评。其后陈宏谋巡抚陕西，又令各州县查报井泉，故“井利有增无减”。

上述水利设施在漫长的历史岁月中经历了发展变化的过程，并在不同的地区呈现出不同的特点。尽管中国古代的水利设施并不是持续发展的，有些设施甚至经历了由先进到落后的转变，但毋庸置疑，有许多设施起源甚早，或科技含量高，在历史上曾处于领先地位，至今仍有一定的借鉴意义。

案例评析

水是人类生产和生活的重要资源，没有水人类就无法生存，更谈不上从事其他社会活动。但水资源的分布是不平衡的，其自然存在状态并不能完全符合人的需要，水利和水害都是存在的。因此，人们需要通过工程措施来兴利除害。中国自古以农业立国，故对水资源的开发和利用尤为重视，在数千年的历史岁月中，修建了数以万计的水利工程，每个工程都有相应的水利设施。

（节选自王双怀《中国古代的水利设施及其特征》）

第三节　地权分配与租佃关系

思政元素

2017 年 10 月 18 日，习近平总书记强调：“要坚持农业农村优先发展，巩固和完善农村基本经营制度，保持土地承包关系稳定并长久不变，第二轮土地承包到期后再延长三十年。确保国家粮食安全，把中国人的饭碗牢牢端在自己手中。”

案例内容

永佃制是指佃户可以永远佃种地主土地的制度。永佃制在宋代已经萌芽，明代进一步发展，到了清代中叶，永佃制已相当发达，并且延续至民国时期。福建、江苏、江西、广东、浙江、安徽、广西、湖南、直隶、河南、甘肃等都有实行永佃制的情况。凡是具有永佃权的土地都划分为“田底”与“田面”两部分。“田底权”即地主的土地所有权，也叫“田根”“田骨”。“田面权”就是佃农对土地的使用权，又叫“田皮”。只要佃农不欠租，地主就不许撤佃。地主出卖田产时，他只能卖掉“田底”，不能出卖“田面”而改换佃农。佃农有权出售“田面权”，地主无权干涉，如江苏的周庄，“俗有田底、田面之称。田面者，佃农之所有，田主只有田底而已，盖与佃农各有其半。故田主虽易，而佃农不易，佃农或易，而田主亦不与。有时购田建公署、架民屋，而田价必田主与佃农两议而瓜分之，至少亦十作四六也。”同一田产的田皮和田底可以分别出卖给不同的买主，也可以一并出卖给同一个买主，即“卖租佃”。有时甚至卖主将同一宗底面田卖给同一个买主，还要分立佃皮契或田租契。

但从租簿的记载来看，大量田皮已脱离佃农而成为地主的一种产权形态，永佃制下土地的所有权与使用权处于分离状态。也就是说，从此地主的土地所有权被分化，地主已经丧失了完整的所有权。佃农的永佃权由于相沿数百年，已经被社会所公认，因此历代政府也不得不承认佃农的这种权利。永佃制的出现，不仅是租佃制度的变化，而且从土地所有权制度来看，出现了田面权与田底权相分离的“一田二主”制。拥有田面权的现耕佃户，是田面主兼佃农，即既是“一田二主”中的一主，又是佃农。永佃权就像房屋、农具一样，成为佃户的一项重要财产，佃农可以将它传给子孙或赠予亲友。史料记载，许多佃农的永佃权是承自祖上的。永佃田地还可以作为分家析产时的重要财产。有些佃农没有子嗣，其宗族亲戚可以取得田面的继承权。永佃权还可供佃农“因无银用度”或“因债务紧迫”及遭遇天灾人祸时卖出救急。

田面权的获得是有代价的，一种是佃农花钱从地主那里购买田面权或佃农在垦殖土地时花费了大量工本，属于生产投资，如清初江西省垦荒，由于“垦户开荒成熟，未免需费工本，遂世代守耕。故在业主为田骨，在垦户为田皮。业主得买其田骨为大买，垦户得顶其田皮为小买。业主只管收租凭耕，转顶权自佃户，业主不得过问”。农民拥有田皮权成了他们投资应得的一种报酬。

另一种是原来的自耕农将自己拥有的土地的田底权卖给地主，自己留下田面权，由自耕农变为佃农，类似于回租租赁。“一田二主”制中的佃农，拥有田面所有权，虽是自种，但作为一种独立的物权，可以自由转让或出租，不受田底所有者的干涉。在这种情况下的佃农向田底业主交纳的地租，比一般佃户的地租为轻，实际上他自己也得到一部分地租表现为对一定的土地产品的占有。由于永佃制的合法性已被社会公认，因此，当时佃农的耕作权能够长期稳定。在这样的条件下，佃农便可能用其改善生产条件，从而促进生产力发展。采用永佃形式租佃地主土地的佃农，在不欠租的条件下，有永远耕种的权利。表面上看，这是佃农权利的扩大，也会使佃农增加在佃种土地时的土壤施肥和维护的投入。但这种租佃形式有两个深层次的问题。一是拥有永佃权的佃农要交更高的地租。由于“田面权”可以买卖，因此有些地主商人、投机分子专门购买“田面”权，变成二地主，转手出租。当时有人指出“皮亦有不耕种者，仍将此田佃与他人，得谷租若干，并还骨主若干”。这样，佃农就受到双重剥削。二是佃农被变相束缚在佃耕的土地上，劳动力的流动受到限制。所以，永佃制没有达到促进制度创新的成效。在永佃制下，地权带来的收益是大租，佃权带来的收益是小租。有些地方的称谓与此相异。直接生产者享有佃权，把小租这一部分留在自己手里，则其收入要高于不享有佃权的佃农。这说明享有佃权的佃农能够比较容易地进行扩大再生产，改善生活和积累财富。而失去了佃权的佃农则要交纳大租和小租，其负担可能退回到分成制下的水平。这时，永佃制给佃农带来的优越性都消失了，地租下降的趋势消失，甚至为地租增长的趋势所代替。

案例评析

直接生产者享有佃权的永佃制是一个进步，而在永佃制度基础上出现的一田两主制度是一个倒退。在一田两主制度下，佃农不再享有佃权，必须交纳大租和小租给大租主和小租主，佃农不能享有佃权把小租全部留在自己手里的权利，主佃之间原来存在的永佃关系已经消失了。这是一个逐渐改进分配关系乃至所有权关系，逐步分离土地所有权和经营权，使佃农的经营自由不断加强、佃农的自有经济不断充实的过程。

（节选改编自王能应的《中国经济史上的农地产权制度变迁》）

第三章　古代中国的工商业

第一节　手工业

思政元素

习近平总书记多次强调创造性转化和创新性发展，他在党的十八届五中全会上提出了振兴传统工艺。国务院办公厅转发文化部、工业和信息化部、财政部共同制定的《中国传统工艺振兴计划》，从文化自信的高度出发，为中国传统文化中最无争议、最显科技价值、最有现实意义、最富经济含量的重要组成部分——中国传统工艺，提出了可以落地的具体方案。

案例内容

1987 年 8 月，广州救捞局与英国的海上探险和救捞公司在上下川岛海域寻找东印度公司沉船时，并没有找到东印度公司的沉船，却意外发现了深埋在 23 米之下的另一条古代沉船，并打捞出一批珍贵文物。由于发现沉船的海域位于传统的海上丝绸之路航线上，专家认为其历史价值不可估量。当时，这艘偶然发现的沉船被命名为“川山群岛海域宋元沉船”，“南海一号”则是后来由俞伟超先生于 20 世纪 90 年代初命名的。

“南海一号”（又称“南海Ⅰ号”）是一艘中国南宋初期通过海上丝绸之路，向外运送瓷器失事而沉没于中国广东省阳江市南海海域的木船。它于 1987 年被发现，但因技术及资金问题而延迟研究，由于其上装载有 8 万多件保存完好的宋代瓷器、生活用具等文物而极具考古价值。“南海一号”被打捞之初，就有学者认为，这很可能带来“海上丝绸之路学”的兴起。同样，“南海一号”展现了宋代单体船舶多方面的内涵，代表了宋代民间航海的水平与高度。根据考古结果，可以看出这是一条满载货物、处于出航状态的商船，所载都是民用瓷器，主要产地是景德镇、德化窑、龙泉窑系等，前期探查已出水 6 000 多件，整条船大概有 6 万至 8 万件。除船尾毁坏外，整艘船体基本完整。该船宽 9.5～10.6 米，长约 22 米，船身（不算桅杆）高约 4 米，排水量估计可达 600 吨，载重近 800 吨，这在宋代算是中等规模的大船。宋代这种船一般有 13 个隔舱，这条商船含有水密舱设计，提高了不沉性，比欧洲要早几百年。所载瓷器如德化窑的大盘，口径达三四十厘米，国内传世不多。

“南海一号”是具有南宋时期福建泉州特征的木质古沉船，沉没于广东阳江市东平港以南约 20 海里（1 海里≈1.852 千米）处，是目前发现的最大的宋代船只。专家从船头位置推测，当时这艘古船是从中国驶出，赴新加坡、印度等东南亚地区或中东地区进行海外贸易。除陶瓷这类人们熟知的中国特产外，那时科技领先的中国，还向世界输出铁器，此时，它们已经面目全非。“南海一号”船舱里面还有两样比较大宗的货物，就是铁锅跟铁钉。铁锅跟海水发生作用后，一摞一摞地变成了铁疙瘩；铁钉个体较大，每个 20 多厘米长，都是拿竹篾进行包扎的，数量非常多。而在宋代，广东正是铁器盛产地。“南海一号”及其货物、生活舱是宋代中国海洋时代的缩影。“南海一号”的文物价值，早已经有人估计可能会超过千亿美元。南宋是中国最富庶的朝代之一，因为国家财富积累的一大部分依赖于海外贸易，所以，南宋甚至可以被称为古代中国的海洋时代。

海上丝绸之路，在汉代即有记载，当时中国船只从广东、广西、越南等地的港口出海，沿中南半岛东岸航行，最后到达东南亚各国。唐宋之后，随着航海技术和造船技术的演进，海上丝绸之路的航线更加遥远，贸易也愈显繁荣，对于中国瓷器来说，再也没有比水运更加便捷和安全的运输方式，这条航线也被称为“陶瓷之路”。这条航线显然早已超出东南亚的范围，穿过南海，驶过印度洋，到达波斯湾各国，甚至东海岸的许多港口也有中国瓷器出土。“南海一号”沉没的地点，正是处于这条航线之上。由沉船的海域向东北，经过川山群岛，可上达阳江、海陵岛、广州、潮州、泉州、厦门等港口，向西则可下雷州半岛、琼州海峡以至广西，然后穿南海到达更加遥远的目的地。它将为复原海上丝绸之路的历史、中国航海史、造船史、陶瓷史等提供极为难得的实物资料，甚至可以获得文献和陆上考古无法提供的信息。

考古人员曾从凝结物中清理出了一件较为完整的漆盒，漆盒饰纹华丽，非常精美，透露出它的主人拥有精致的生活。

“南海一号”始发地为何处？“南海一号”出水文物大多是江西和福建

的瓷器，还有景德镇的瓷器。景德镇位于福建的西北方，船逆流而上去运货可能性较小。此外，根据史料记载，在宋代，广东港的船少有向北航行的。所以综合分析，“南海一号”发自广州的可能性不大，很可能来自福建泉州。宋王朝对海外贸易实行奖励的政策，泉州港由此凭借其优越的地理位置而迅速发展，并超过明州（今宁波），成为仅次于广州的全国第二大港口。北宋元祐二年（1087 年），设福建市舶司于泉州。

秦汉时期，中国越洋航海工具已较为成熟。秦汉航海家能够熟练地利用各种星体来定向导航，至汉代已能运用“重差法”对海上地形地貌进行精确测量，并且远洋船使用了分隔舱技术，同时，因为对西太平洋与北印度洋的季风规律有所掌握，风帆技术已经相当成熟。唐宋时期，对远洋帆船的安全具有革命性意义的“水密舱”技术的运用，让帝国的远洋船队不但轻松地穿越了阿拉伯海与波斯湾，而且能够从广州直航红海与东非海岸。唐代贾耽的著作，细致地描绘了从广州到东非间的航线，其航程之绵长，海域之广阔，远远超过《汉书》所载的航路，途经地点和所需日程的记载也更为详细。唐以后中国经济中心逐渐南移，相对稳定的南方地区对外贸易明显增加，再次刺激了海上丝绸之路的繁荣。

迄至宋代，造船技术与航海技术愈发成熟。当时，泉州制造的海船冠盖全国，“每岁造舟通夷域”。泉州湾后渚港发掘出的另一艘宋代沉船，经复原总长 34 米，水线长 25. 5 米，最大船宽 11 米。在造船技术方面，多重船壳板的应用及龙骨、肋骨的设计，使得船体连接成坚固的整体；面宽底尖的海船吃水颇深，有利于抵御海浪的冲击；水密隔舱的设置，除增强船舶的抗沉性外，还便利了货物的装卸；船板使用榫连和铁钉加固，并用桐油灰和麻丝、竹茹塞缝。考古研究表明，这些造船技术特点与文献记载的宋元“福船”特征相符，为宋代文献所记泉州造船技术的先进性提供了难得的实物证明。另据朱彧记载：“舟师识地理，夜则观星，昼则观日，阴晦观指南针。”11—12 世纪，中国先民已经知道将指南针运用到航海上。后来，指南针经海上丝绸之路先是传给了波斯、阿拉伯商人，后又传入了地中海，为欧洲各国航海人所掌握。得益于造船技术与航海技术的双重改进，当时，已经有越来越多的海船航行于南海海域，远的可以到达印度洋的波斯湾。目前业已发掘的“南海一号”沉船为复原此时期海上丝绸之路的历史细节提供了极为珍贵、难得的线索。

“南海一号”展现了宋代单体船舶的水平，“南海一号”及其货物、生活舱是宋代中国海洋时代的缩影。中国造船历史悠久，早在汉代，中国造船就达到了第一个高峰期，而且曾远航至南洋。发展到宋代，中国古代造船业在技术与制造量上又登上一个新高峰，造船工艺有了巨大进步，出现了很多造船业中心，反映了当时经济的巨大增长和科学技术的重大突破。特别是海船的质量已达到领先于世界的高水平，为推动当时的经济发展和商品贸易产生了积极的推助作用。

宋代舟船的制造不但数量多，而且质量高，推动了航海事业的发展。宋的造船业比以前更具有特色：船体更巍峨高大，结构更坚固合理，行船工具更趋完善，装修更为华美，特别是开始使用指南针进行导航，开辟了航海史的新时期。宋船头小，尖底呈“V”字形，便于破浪前进。身扁宽，体高大，吃水深，受到横向狂风袭击仍很稳定，同时，结构坚固，船体有密封隔舱，增强了安全性。底板和舷侧板分别采用两重或三重大板结构，船上多樯多帆，便于使用多面风。大船上又都设有小船，遇到紧急情况可以救生、抢险。每只船上都有大小两个锚，行船中也有探水设备。这些极适合于远洋航行。

宋代先进造船技术独步世界。为了修理船只，宋代在金明池（今开封西郊）建立了世界上最早的船坞，并创造运用了滑道下水的方法。宋代造船业从设计到施工已积累了较丰富的经验，已有一套科学化的工作程序。能把载重多少作为设计指标，没有相当纯熟的工艺水平显然是办不到的。

案例评析

“南海一号”展现了宋代单体船舶的水平，“南海一号”及其货物、生活舱是宋代中国海洋时代的缩影，印证了两宋时代是中国古代民间航海的高峰，廓清这一长期被历史模糊了的真相。这对于我们重新认识中国古代先进科技文化具有重要参考价值和借鉴意义。

（节选并改编自赵建中《南海一号展现的宋代单体船舶水平》）

第二节　商业

思政元素

2014 年 5 月 4 日，习近平总书记在北京大学师生座谈会上强调："中国古代历来讲格物致知、诚意正心、修身齐家、治国平天下。从某种角度看，格物致知、诚意正心、修身是个人层面的要求，齐家是社会层面的要求，治国平天下是国家层面的要求。我们提出的社会主义核心价值观，把涉及国家、社会、公民的价值要求融为一体，既体现了社会主义本质要求，继承了中华优秀传统文化，也吸收了世界文明有益成果，体现了时代精神。"

案例内容

中国封建等级制下形成的商为末业的观念历史弥久，商人被披上重利的外衣。晋商在与这种传统观念的碰撞中，首先摆脱了士重义、商重利的思想束缚，实现士商同心、儒贾相通的义利价值观的转变。

自秦汉以来，历代统治阶级出于统治的需要而推行"重农抑商"的政策，把商人排在"士农工商"之末。儒家亚圣孟子，师承其师孔子"君子喻于义，小人喻于利"的观念，把商人叫作"贱文夫"，认为商重利，士重义，商人的地位似乎就是小人一类。民间也有"商人重利轻别离""无商不奸"的偏见。商人就是利的化身，商业的价值和商人的地位长期得不到肯定和认同。

明代资本主义萌芽在这个衰老的社会母体内部初露端倪。从 16 世纪末到 17 世纪中叶，在商品经济的冲击下，一个"天崩地解"（黄宗羲语）的时代出现了。正是这一时期，我国商人作为一支不可忽视的群体开始崛起，中国十大商帮的兴起，极大地冲击了中国传统宗法制度和农耕社会的方方面面，尤其是冲击了传统的轻商观念。

作为最早崛起之一的晋商也开始了价值观的转变。他们不但逐渐认识到商业同样是安身立命的正当职业，同时还自觉认识到商业便民、利物的社会价值，认为"商"同样可以富省、富国、造福于民，逐利的商人同样可以实现高尚的道德理想和人生价值，甚至直接用商与士对比，把二者视为"异术而同心"。士农工商皆属本业，朴素地表达了商与其他职业并无差异，一定程度上摆脱了传统本末论中商为末的观念，肯定了商人的地位和价值。士和商只是职业的不同，但地位不应分高低贵贱，在社会价值、道义追求和做人的原则上，在义与利的价值追求上是相通的，从事商业贸易，由过去被人轻视转变为逐渐跻入光明正大之列。晋商“士商异术同心”的观念，在道义上把被传统看作只是重利群体的商人，提高到和被认为专事“修、齐、治、平”、以义为上的士同样的地位，赋予谋利的商业活动以社会价值和道德价值的合理性，实现了义利在价值上的相通。在他们看来，商人和商业活动同样可以实现人生的价值和道德理想，与重义的士大夫相比毫不逊色。传统“四民观”序列在这里开始逆转，晋商将其地位抬高到与士同等的价值层面，从而获得了义利相通的内在价值导向的力量，驱使并促进了他们的立业心、敬业心和道德取胜信念，使山西经商之人子孙相继，绵延不绝。

另外，晋商在儒贾关系的认识上也发生了变化，形成了儒贾相通的观念。晋商儒贾相通观念的形成，经过了一番义利、名利价值的痛苦抉择。在理想与现实之间，晋商既承认儒与贾的差异，又从精神上实现了儒与贾的超越。不管是贾而好儒还是弃儒就贾，在晋商观念里，二者在价值上已实现了相互交融、相互促进，在名利、义利的价值之间既有明确的选择，也有痛苦的挣扎与理性的醒悟，他们得到的结果并不是非此即彼的简单的取舍，而是努力跨越儒贾的界限，竭力达到名利相通、利与义兼备双修的最佳结合。

多谋善断，能够创造巨大商业财富的人才固然重要，但晋商更注重具有诚实忠信、严于律己等道德品行的人，所以在择人、用人及育人方面十分严格。用人唯贤，德能并重，选育义利兼备之人，成为晋商义利相通价值观的又一体现。

晋商企业对经理选用可谓一丝不苟，在聘用经理之前，财东要对他们进行严格的考察，除了确认其人有所作为，能攻能守，多谋善变外，对其品行尤其重视。为了解其德行，财东除参考同仁及知情者的评价之外，还要设下种种局情观察和考验他们的品行。一旦选中聘用，财东则将资本、人事全权委托经理负责，一切经营活动并不干预，日常盈亏平时也不过问，让其大胆放手经营，静候年终结算报告。经理的选用一丝不苟，店员、学徒的录用和培训也是十分严格，慎之又慎，即所谓的晋商学徒制。当时的山西商人是士以下教育水平较高的一个社会阶层。明清以来“弃儒就贾”的普遍趋势造成了大批士人沉滞在商人阶层，更重要的是商业本身对知识水平和道德素养也有一定的要求，商业经营的规模越大则要求越高。

案例评析

回眸历史，清晰可见，晋商纵横商界几个世纪，创造了持久辉煌的商界奇迹。他们在长期的发展过程中，适应自身发展的需要，及时抓住历史机遇，转变观念，发展成为当时中国最大的商帮，极大地促进了中国的资本主义萌芽，在中国经济史上写下了浓墨重彩的一笔。

（节选并改编自李占强《晋商义利观及其当代启示》）

第三节　民族贸易与对外贸易

思政元素

2017 年 10 月 18 日，习近平总书记在党的十九大报告中指出："拓展对外贸易，培育贸易新业态新模式，推进贸易强国建设。"事实上，中国早在唐宋元时期就已经是世界贸易大国、强国，并建立了一系列较为完善的市舶制度。

案例内容

宋代对海舶和外商的管理，基本继承了唐代开放、优待的理念和精神。针对对外贸易的发展和繁荣，北宋元丰三年在广州颁布《市舶法》,《市舶法》具备了外贸法的雏形，形成了一整套较完备的制约机制和管理体系。宋政府规定舶商、船主和船夫进出港口必须持有市舶司颁发的许可证，即公凭，又称公据或公验。

"商人出海外蕃国贩易者，应至市舶司请给官券，违者没入其宝货"。蕃货输卖的暴利，致使走私活动一直存在。宋政府通过使用公凭许可的管理方法，加强了商舶进出口的管理监督之外，也有了查处走私的凭证，规范了外贸秩序。

宋政府在保护外商合法权益方面也做了明确的规定。宋时规定对遭风害的外国船舶，官府要先收录他们的物资，允许他们的亲属来辨认领回，并且制定了防守、盗纵、诈昌断罪法，以保护外商合法权益不受侵犯，对侵害外商权益的官员，则予以制裁。宋代对海舶和外商的管理体制，总体上讲是给内、外商人一个安定、自由、合法的经商环境。

宋代先后对市舶司的官制进行了三次大的变革，“旧制虽有市舶司，多州郡兼领元丰中始令转运司兼提举，而州郡不预矣……后专置提举，而转运司不复预矣；后尽置提举官，至大观元年复置”。可见，宋朝市舶宫制的演变大致经历了三个时期，它反映了对海外贸易的控制逐渐强化的过程。

1.“州郡兼领”时期：宋初至元丰三年（1080 年）

唐末中央衰微，藩镇势力增强，对外贸易的巨额利润促使藩镇将其攫于手中，广州市舶使便多“以帅臣领之”。后“帅臣兼领”渐成定制。五代时中央集权瓦解，市舶贸易完全为东南沿海割据势力所控制。宋朝建立后，继承唐末、五代旧制，实行“州郡兼领”。开宝四年（971 年），宋军攻占广州，宋太祖即“命同知广州潘美、尹崇坷并充市舶使，以驾部员外郎通判广州谢处玭兼市舶判官”。市舶最高长官一般称市舶使，多由知州兼任。但是，宋初行“州郡兼领”，并非照搬唐末、五代旧制，而是有所变革的，即除了“以知州为使，通判为判官”外，又命“转运使司掌其事”。北宋初转运使虽然品位很低，却是“代朕亲行”的使臣。它的特点是事无大小，“悉条以上达，及专举刺官吏之事”，代表皇帝监督州郡，同时又负有将州郡财赋转运至朝廷的重任，故又称“漕臣”。转运使参掌市舶事务已初见端倪。

2.“漕臣兼领”时期：元丰三年（1080 年）至崇宁初

北宋中期，藩镇割据的威胁已不复存在，取而代之的是“积贫积弱”局面的产生。面对危机，统治集团内部要求改革的呼声不断升高，以“理财富国”为中心的王安石变法就是在这种情形下发生的。王安石以“聚天下之众者莫如财，治天下之财者莫如法，守天下之法者莫如吏”为变法的指导思想，着重从创立法规和官制改革两方面对市舶制度进行改革。元丰三年（1080 年）《市舶法》颁布，其内容涉及关于抽解禁榷的执行、海舶出入港口的管理和市舶官员的奖惩等规定。罢州郡兼领制，改以漕臣兼提举市舶，市舶司最高长官开始改称“提举市舶司”。这是宋代市舶司官制的一次重大变革，它是向专职管理制度发展的一种过渡形态。市舶司直接听命于中央，从而加强了朝廷对市舶的控制。而从此以后，市舶司开始形成独立管理体系，其内部分工非常明确、具体和专业化。

3.“专置提举”时期：崇宁（1102—1106 年）初至南宋末

宋徽宗是一个奢侈的君主，他任用蔡京等人执政，大肆挥霍，以填欲壑。皇室开支浩大，朝廷“用度日增”，财政收入难以支撑。宋徽宗在元丰之制的基础上继续对市舶制度进行改革，其中最重要的是改行“专置提举”

制，即由朝廷派人担任专职的提举市舶，进一步将市舶司置于朝廷的直接控制之下。市舶司成为中央的派出机构，故有“朝廷之外府”之称。专置提举之后，市舶司的机构更加完善，职能也更加强化，形成了中央控制下的专职管理体制，标志着封建政权对市舶贸易专门化、正规化管理的基本完成。

市舶司作为管理海外贸易的机构，对海外进口货物实行抽解、禁榷、博买是其主要经济职能，有宋一代，抽解、禁榷、博买制度不断沿革变化，对宋朝财政和海外贸易的发展有着直接影响。所谓“抽解”，即市舶司对进口货物征收的一种实物税，它按贩到船货的一定比例抽收，故又称“抽买”。宋初统治者为巩固中央集权，削弱藩镇势力，在经济上推行“利归公上而外权削”的方针。至于官员们借抽解为名，行勒索渔夺之实，更是屡见不鲜，反映了封建政权对海商剥削的加重。宋代还有禁榷之制，即禁止舶货的私人买卖，而由官方垄断经营。禁榷范围，因时而异。宋初藩镇官僚经商之风盛行，把持了部分海舶之利，为了禁绝官僚经商之风和重建中央对海外贸易的绝对控制，太平兴国二年（977 年），根据乐冲、陶邴的建议，诏“自今禁买广南、占城、三佛齐、大食国、交州、泉州、两浙及诸番国所出香药，犀牙”。当时所谓的“禁榷”，指凡海外进口货物全部由市舶司收买，官府专卖，“非出官库者，不得私相交易”，实行的是“全面禁榷制”。全面禁榷制实行后，在禁绝官僚经商之风和重建中央控制方面收到显著的效果，但并未长期实行。从太平兴国七年（982 年）改行“部分禁榷制”，即将进口舶货分成两大类：一类为禁榷物，基本是价值巨大的香料，仍由国家全部收购，专买专卖，南宋时又将“牛皮、筋角堪造军器之物”列为禁榷物；另一类是“放通行药物”。南宋时，禁榷物曾多达 200 多种。“禁榷物”和“放通行药物”的品种虽时有变化，但凡利厚畅销的舶货始终是禁榷物，仍由宫府专买专卖，只有非禁榷物在市舶司予以抽解买后才允许民间交易。“部分禁榷制”的实行对恢复民间贩运活动、满足人民生活需求有一定的作用，但是它有一个很大的缺陷，即官方对禁榷物的收购价很低，又多以滞销之物折支，商人贩运禁榷物无利可图，转而贩运“放通行药物”，从而影响着禁榷物的进口和政府的市舶之利。因此为弥补禁榷制之缺陷，和买制产生了。

和买属官市的另一种，是强制性的收购，即对禁榷物之外的“放通行药物”规定一定的比例由官方收购。“官市之余，听市货于民”，故可称为“分成和买制”。“和买制”始于淳化二年（991 年），起初和买的范围限于部分种类的舶货，除提高收买价格外，将“放通行药物”分为良窳两类，规定良者由市舶司收购一半，窳者粗贱利薄，仍由舶商自卖。宋仁宗朝，“和买制”又扩大到禁榷物之外的所有进口商品，但和买的比例有所降低，“海舶至者，视所载十算其一，市其三、四”。然自北宋中后期和买变质，转为博买。博买制下不仅官方价例定得很低，而且多以官库积压滞销货物支付，折价时又多方克扣，对市舶贸易危害甚大。进入南宋之后，博买作为经济掠夺的一种手段，其比例越来越高，有的舶货竟至六分。博买时，“官司择其精者，售以低价”，甚至“曰和买，实不给一钱”。至于官吏“托名和买”，进行敲诈勒索更是司空见惯。实际上所谓“和买”已演变成为一种变相的苛税，“故客旅宁冒犯法禁透漏”，也不愿意到市舶司抽解和买。

市舶司作为管理对外贸易的机构，存在于我国唐宋元明四个朝代。市舶制度在我国封建社会经济中的地位并不重要，这主要是由封建社会经济基础决定的。中国封建社会的经济主要是自给自足的、封闭的小农经济，对外贸易活动的发展，又受到交通工具和社会生产力的发展、社会需要程度等客观因素的限制，因此对外贸易在国家经济生活中始终处于次要地位。

宋代市舶司较唐代更加完善和有所发展，但同时宋代是一个积贫积弱的朝代，财政常常拮据，其收入主要来自东南地区。与其他朝代相比，宋代特殊的国情使市舶司经济地位尤其突出，可以说宋代市舶司的一切活动都是围绕着增加收入，辅助国用这一中心展开的。为了让市舶司的抽解、博买发挥最大作用，政府还赋予市舶司以独占权，又规定远洋商船只能在设置市舶司的少数几个港口出入，因此，市舶司作为一个垄断海外贸易的机构，虽然获取了巨额市舶收入以辅助国用，维持宋王朝统治，但随着宋政府对外贸蛮横控制的日益加强，阻碍外贸经济正常发展的弊端日益显现。

案例评析

市舶制度是对外贸易发展的产物，自唐创始，到宋代“制度渐见完备”。宋代特殊的国情使得它的经济地位在两宋都举足轻重。中国始终是古代世界东亚贸易圈的中心，与日本、朝鲜、南洋地区及中南半岛地区由最初的朝贡贸易开始而逐步形成了一个较为广泛的贸易圈。这对于我们当下“一带一路”共建人类命运共同体战略实施具有重要的参考意义。

（节选并改编自胡江川、周冬冬、肖乾祇《宋代市舶制度初探》）

第四章　古代中国的财政与金融

第一节　财政制度安排及其变迁

思政元素

2013 年 11 月，习近平总书记在党的十八届三中全会上强调，财政是国家治理的基础和重要支柱，科学的财税体制是优化资源配置、维护市场统一、促进社会公平、实现国家长治久安的制度保障。

案例内容

两税法始于唐建中元年（780 年）。唐德宗刚继位便接受了宰相杨炎"作两税法，以一其名"的奏疏建议。其主要内容包括：凡百役之费，一钱之敛，先度其数赋于人，量出以制入，户无主客，以见居为簿；人无丁中，以贫富为差，不居处而行商者，在所郡县税三十之一，度所与居者均，使无饶利。居人之税，秋夏两征之，俗有不便者正之。其租庸杂徭悉省，而丁额不废，申报出入如旧式。其田亩之税，率以大历十四年垦田之数为准而均征之。夏税无过六月，秋税无过十一月。简而言之，两税法分三部分：第一，就地编入户籍，不再有土、客户籍之分；第二，以资产为课税依据，不再以丁计征；第三，每年春季、秋季征税（故有两税法之称）。两税法改革是在复杂的经济、政治环境下提出的。作为一项财税改革，两税法简化了征收手续，扩大了征税范围和税源，减轻了农民负担，强化了中央财政的集中性和控制力。而从两税法改革所涉及的层级关系看，其既涵盖国家与税户的复杂关系，也蕴藏中央与地方之间的争斗关系。

在封建社会中，土地是最为重要的生产资料，因此各朝代的税收制度往往依附于相应的土地制度。唐朝前期采用的租庸调制也不例外，以均田制为物质基础开展。到了唐朝中期，这套税收制度开始走向末路。先是由来已久的土地兼并日益严重，在以丁计征的背景下，占据了广大田亩的官僚贵族们却无须缴纳租庸调，与之形成鲜明对比的是，均田农户则成为租庸调的纳税主体。在均田制名存实亡的背景下，租庸调制的制度弊端也显露无遗，百姓无田可耕却依旧需要承担租庸调负担，进而逼迫百姓走上“逃户”之路。

唐朝中后期，藩镇割据严重，地方势力难以抑制，中央与地方之间也存在激烈的财政收入争夺。两税法的提出，是当时统治阶级在中央与地方关系悬置下的应对之举，带有鲜明的削弱藩镇权力尤其是财权的目的。深究中央与地方之间财政收入错位的原因，首要的便是，均田制的崩坏。农民在失去土地后纷纷选择逃亡，以丁计征的租庸调制也无法实行下去，国家财政自然而然陷入窘境。并且，唐朝时期特别是“安史之乱”前后设立了诸多节度使，这些节度使几乎不受中央控制，拥有割据自重的政治势力，进而借助地方财权不断瓜分中央财政收入，从而激化了中央与地方间财政收入的矛盾。在这些时弊之下，唐朝中央顺势推出两税法，在以支定收的原则下，重新制定中央、外使、州三级财政预算管理体制，希望借新税制充实中央财政，理顺中央与地方之间的财政关系。中央与地方间的矛盾尤其是财政收入方面的争斗所引发的国家财政危机，直接促使了唐朝中央政府改行新税制。因此，两税法是在内部要素的更新和特定的历史条件下共同衍生出来的产物。

唐朝前期在租庸调制下，有赖于中央对地方较有利的控制，财税体制采用的是“高度集权，统收统支”的办法。税收征收与分配皆由中央进行统一管理，中央与地方之间在财政层面也没有明确的划分，地方只承担执行官的角色。安史之乱后，“高度集权，统收统支”的财税体制受到冲击，中央下放给地方的权力尤其是财权无力收回，地方趁机巧立名目、横征暴敛。为扭转这种局面，朝廷颁布两税法，采用两税三分法及预算定额管理制度，将“高度集权，统收统支”的财税体制转变为“以支定收，中央与地方划分收支”的财税体制。两税三分法，即在量出为入的原则下，中央与地方共享两税收入的办法，分为上供、送使、留州三个层级。两税三分法的重心并不在于如何征税，而是着重于在分配环节处理中央与地方之间的财政分配关系。在这三个财政级别中，中央的财政是通过上供获取的，节度、观察的使财是政通过所辖州的送使获取的，州财政则由除上供、送使外的留州份额构成。如此一来，历来皆由中央集中调拨各州县财政的分配办法，改为中央与地方共同参与赋税收入的分配。从具体的税种分配看，盐税、茶税、酒税、青苗钱等收入直接划入中央，两税则由中央与地方共享。在两税三分法的分配方式下，唐朝中央政府得以厘清中央与地方的财政关系，在确保中央财政收入的同时，也兼顾到了地方财政收入。这既巩固了中央集权，又削弱了地方权力。

作为历史上极具转折性的财税改革，两税法的改革是社会、经济发展到一定程度，围绕着政府—税民，以及中央—地方两重关系在税制结构方面所做出的重大改革。两税法在很大程度上是出于满足集中中央财权、削弱地方势力的诉求展开的。首先，对中央而言，在两税三分法及预算定额管理制度下，其自身利益得到了维护，既缓解了财政危机，又在一定程度上加强了中央集权。尤其是如青苗钱等直接划归中央，为中央地方间的收支划定提供了前提条件。其次，对于地方而言，两税法在中央的调控与管理下，从制度层面确立了地方赋税收入的合法化，有效提高了地方财政收入水平。但由于中央对具体征收税率并无明确规定，采取的摊派方式是由地方进行配税、征税，因而对税户搜刮榨取的现象时有发生，后期在两税的基础上再行加税的现象也不断发生。最后，虽然两税三分法基于地方支出标准对地方官俸和军费都列有具体法令规定，但在具体实施过程中，由于中央的羸弱和地方的强势，地方与中央争财夺利的现象屡见不鲜。

相较以往的税制，两税法在课税标准、征税对象等方面有了长足进步，更在财税体制方面展现出了一定的进步性。这项改革不仅仅在当时取得了较大成效，也在一定程度上弥补了过往税制体系长期存在的缺陷，促进税制体系不断完善发展，特别是成为宋朝两税法施行的基础。从税制施行的效果看，两税法的改革在施行过程中招致各方势力的极力扭曲和变异，始终缺乏一个稳固的客观环境。除环境因素之外，改革主导者的阶级属性也决定了改革的诉求和所指，并不是为去除固有税制弊端，亦不是满足民众的需求。

在税收制度当中，纳税人是最为关键的元素之一，税赋最终也是要由具体的个体承受。封建社会时期，人口与土地的紧密结合是税赋的主要因素，农民能获取多少土地及土地的优劣程度等的分配与管理权由统治者及地主阶级掌控。出于封建社会地主阶级的阶级属性及维护自身利益的目的，历朝历代统治者巧立名目进行横征暴敛，攫取农民财富为己所用。虽然最初两税法改革是基于“以出定入，定额管理”的原则，以寻求收支相适应，但唐朝中央政府并未将百姓的赋税承担能力纳入考虑范围，使百姓苦不堪言。

案例评析

两税法本质上一方面是对旧制度的帕累托改进，体现了制度框架在历史进程中被不断甄别、修正以适应社会现实的历史规律，另一方面透射出的则是唐王朝重新厘正财税体制关系的渴望。这对于我们当下的分税制改革具有重要的参考借鉴意义。

（节选并改编自敖涛、付志宇的《两税法改革的历史借鉴》）

第二节　货币与货币制度

思政元素

2016年9月3日，习近平总书记在二十国集团工商峰会（B20峰会）发表主旨演讲时强调："我们将加快同有关国家商签自由贸易协定和投资协定，推进国内高标准自由贸易试验区建设。在有序开展人民币汇率市场化改革、逐步开放国内资本市场的同时，我们将继续推动人民币走出去，提高金融业国际化水平。"

案例内容

交子是北宋出现的纸币，产生于以成都为中心的四川，标志着我国成为世界上最早使用纸币作为交易媒介的国家。南宋会子则是世界上最早的、在一国大部分范围内流通的纸币。欧美至18世纪左右才正式发行纸币，因此，我国纸币出现的时间领先西方国家5~6个世纪。宋代纸币的出现，源于商品经济的迅速发展和金属货币供给不足。基于此，国家以法律为保证，强制性地发行纸币，促进了金属铸币向纯粹符号货币的转变，降低了经济运行的交易成本，并由可兑现纸币逐渐演化为不可兑现纸币，是货币演进史上的重要进展。然而，从可兑现纸利至不可兑现纸币的演进，并非信用经济发展的必然结果，而是源于政府的财政需求。两宋纸币均经历了由良好运行到超发贬值，以至最终废弃的过程。朝代初期，由于本位和回赎制度的严格执行，纸币获得了较好的实施效果，但在频繁战争和以其弥补财政赤字动机的驱使下，中后期政府过量发行纸币，使币值严重下降，纸币终不可用。

1. 交子（钱引）的发行及流通

交子于宋真宗时期（997—1022年）在民间出现。北宋初，商品贸易活动日益繁荣，市场对钱币的需求量骤增。宋太祖即位之初，为维持其统治地区内的货币流通，曾颁布禁止铜钱流出境外的法令，并于开宝三年（965年）在雅州（今四川雅安）设置钱监铸行铁钱，禁止铜钱进入四川，给四川的商品贸易造成诸多不便。太平兴国四年（979年），宋朝廷解除铜钱入川之禁，但禁铁钱出川。此后纳税征收铜钱，导致铁钱充斥市场，加上铁钱既笨重难以携带，又因私铸多而流通受阻，因而引发了交子的产生。

最初的交子由商人发行，无固定的时间、限额、发行人数，高额铸币税导致私交子过度发行，不久即发生了信用日降和挤兑风潮。此后发行者选择了信用较可靠、财力较强的十六户发行交子，并规定三年为一届。然而，新交子并未能恢复原有的信用，人们更愿意接受现钱而不愿意接受新交子。因而，官交子是在私交子停止发行及挤兑回笼后，市场因货币供应不足，造成贸易困难、市肆买卖萧条的情形下，政府反复衡量行用交子的利害关系之下的产物。仁宗天圣元年（1023年）设置益州官交子务，官交子于第二年开始发行，其管理更为完善，如发行有限额、有准备金、有交子务的官印、有额定面值，只允许在四川流通，三年为一届，发行利润统一归交子务等。由于铜钱缺乏，交子以铁钱为本位，政府于成都府务设有兑现机构，并备有相应铁钱准备金，可以随时兑现，交易和纳税行用均不受限制。除法律规定的本位制度外，交子的主要回赎方法为兑界，以两年为一界，以及三年兑收前界。

交子从行用铁钱和铜、铁钱兼行向行用铜钱泛滥，使其流通状况走上了绝境。因为交子失去了赖以生存的铁钱，成为无法兑换的纸币，并且，长期以来一直行用铜钱的人们不愿接受一再贬值的交子，这种情形与交子发行量远远超过四川乃至陕西商品市场所需，从而造成通货膨胀的现象交织在一起，导致了交子的失败与“钱引”代替交子的发生。到了崇宁、大观年间，由于陕西用兵，政府增加交子发行量以供军需，“引法大坏，每易界以四引而易其一”，宋廷于崇宁三年（1104年）诏令第四十一至四十三界交子不再收兑，流通遂停止，大观元年（1107年）易交子名为钱引。

钱引是代交子而起的一种宋代流通时间最长、对我国古代纸币影响很大的纸币。大观三年（1109年），以钱引为名的纸币进入发行年，每界发行额为1 256 340贯，在嘉定以前的百年间，虽然发行量自绍兴末由100余万贯增加到2 000余万贯，其币值基本是稳定的。钱引取代交子后，以50万贯钱为发行准备金，加之其完全法偿性，故新旧相因，收兑正常，宋廷干预钱引流通较少。钱引“增引日多，莫能禁止”，主要是因为军费物资的供给，基本上依赖发行钱引来筹措。到了南宋高宗绍兴年间（1131—1163年），战乱不断，钱引发行量居高不下。宁宗开禧北伐（1206 年）之后，钱引发行量剧增，币值急剧下跌，以至无法正常兑界，理宗宝祐四年（1256 年）钱引被废，自此退出流通领域。

2. 会子的出现及流通

南宋会子的演变历程与交子相似。会子源于北宋末产生的民间便钱会子，商旅寄附钱物于寄附铺，铺主需开列凭证，这种凭证专用做会兑现钱，故有“寄附钱会子”之称。虽然北宋会子未能由兑取现钱的凭据或汇票演变为纸币，但南宋的纸币会子由钱会子演变而来这一结论，是没有疑问的。会子于高宗绍兴三十一年（1161 年）临安设行在会子务后成为官方纸币。与交子相比，会子尽管同为法偿货币，但已是不可兑现纸币，虽然官方制定了其与铜钱的比价，但未设兑现机构，也缺乏对纸币随时可兑现的保证，因而会子具有类似现代法定货币的性质。其法偿地位体现为，政府规定其在交易中自由行用，并允许其在赋税中，以钱会中半形式缴纳，后者构成了除每三年一次兑界外最为重要的回赎方式。会子在孝宗乾道、淳熙年间（1174—1189 年）流通较为顺利，因为政府注重控制发行量，定岁额而不逾越，略有贬值预期则以金银、度牒等有价证券、榷货或铜钱回买，使这一时期形成了会子运行最为良好的时期。自宁宗开禧年（1205—1207 年）之后，北伐失利和其后嘉定年间（1208—1224 年）宋金间的频繁战争使得财政支出急剧膨胀，政府将印发会子作为增加财政收入的主要手段，发行量连年上升，以至嘉定末至端平初（1234—1236 年）二界并行，总流通量超过二亿贯。会子滥发造成恶性通货膨胀，价值近乎无，已无法流通，淳祐时原定永远行用的十七界会子于理宗景定五年（1264 年）被废，十八界会子也随南宋灭亡而废止。

崇宁年间，朝廷力图收复西北的失地。至宣和七年（1125 年）宋金战争又开始，军费开支急剧上升，严重破坏了纸币的正常运行。南宋则在币值稳定 40 余年后，由开禧北伐和嘉定短暂和议后连年战争导致的极大军费需求，驱使政府超发纸币，币值迅速下降。终宋一代，其与辽、西夏、金等的战争始终持续，大多数年份军费开支占总财政支出的 70% 以上。北宋初期以边境小规模对抗为主，财政尚可维持，后期则因军事支出迅速上涨，政府被迫以交子应对开支，致使发行量剧增。神宗熙宁年间（1068—1077 年），因与西夏争夺熙河地区，四年（1071 年）创立陕西独立行用的交子，针对大臣的反对，神宗言：“行交子诚非得已，若素有法制，财用既足，则自不须此。今未能然，是以急难不能无有不得已之事”，表明政府已认识到交子可在有需要时充当财政来源。徽宗时宋夏再次出现大规模战争，“崇观间，陕西用兵，增印至二千四百三十万缗，由是引法大坏”，将交子改为钱引后，仍然“通行交子法以助军费”。可见，北宋政府在后期已将交子视为弥补财政缺口的手段。相较北宋后期才显露出的财政需求，南宋政府在发行会子之初，即以满足财政支出为动机，使得政府极易越过适当发行量的界限，这也是南宋会子较北宋交子更快出现运行困难的原因。因而，财政动机成为纸币最终失败的根本因素。纸币超发引起的结果是严重的通货膨胀，交子（钱引）与会子均因发行量过大而丧失货币职能。

案例评析

宋代中国作为世界上最早产生纸币的国家，其迅速发展的商品经济形成了较为发达的信用体系，从而由金属铸币时代先行进入纸币时代。纸币制度起源于中国，是中国对人类文明的贡献，但历史上的中国政府并没有很好地管理纸币发行，也没有充分利用纸币制度的益处。这为当下全球应对疫情冲击，急剧增发货币敲响了警钟。

（节选并改编自管汉晖、钱盛的《宋代纸币的运行机制：本位、回赎、战争与通胀》）

第三节 借贷与信用

思政元素

2014 年 10 月 15 日，习近平总书记在文艺工作座谈会上强调：“中华民族在长期实践中培育和形成了独特的思想理念和道德规范，有崇仁爱、重民本、守诚信、讲辩证、尚和合、求大同等思想，有自强不息、敬业乐群、扶正扬善、扶危济困、见义勇为、孝老爱亲等传统美德。”可见，诚实守信是中华传统美德，在市场经济条件下，诚实守信更是不可或缺。

案例内容

19 世纪 20 年代，令世人瞩目的山西票号业出现了。“山西票号业曾一度执中国金融界之牛耳，并影响了中国金融业近一个世纪。”梁启超曾这样评价山西票号。中国第一家票号——日升昌于道光三年（1823 年）诞生于山西省平遥县。当时在外面经商的山西人很多，他们年底的时候都要把自己挣的钱通过镖局运回山西。由于社会不稳定，商人们越来越觉得异地运银成了一件挠头之事。同一时期李家开始利用自家在外面设的分号兼营汇兑，最初并不是想从中谋利，只是为了解决熟人之间异地运现的问题，而想出的一个权宜之计。这项业务延续到 1823 年左右，兼营汇兑的费用远远超出了他们家原来专营颜料的利润。1823 年，财东接受北京分号掌柜雷履泰的建议，一次性投入资本大约 30 万两白银，把他的颜料庄改为票号，取名为日升昌。票号之所以称为票号，就是因为用票据结算代替了传统的现金结算。当然，这需要一系列的防伪措施。日升昌在接近 100 年的时间内挣了 1 500 万两白银的利润。其收入来源主要有几个方面：汇水，就是手续费，一般是按 1% 收取的，但是有资料记载，有一年的年汇兑额达到了 3 800 万两白银，这样算下来这一年仅汇兑手续就有 38 万两，所以手续费在整个收入中占的比例高达 60%；还有就是存贷款之间会有一个利息差额，这个收入占到的比例不大，约 20%；银行里面还会有一个得空期的收入，比例也是 20%。

票号最主要经营的业务是异地间的银两汇兑，所以肯定会在各地设有分号，分号设好了，里面的工作人员都是由总号统一调拨的，分号是没有资格在当地吸收学员、招收员工的，所以总号和分号之间会有人事上的调动。分号在一段时间的银根松紧、利率是多少、汇率的高低，这些对于票号来说比较重要的信息，在当时只能通过信件的方式和总号沟通，所以票号对信件的管理比较严格。信件必须要有编号，要抄录在案，留有底簿，发件日期是固定不变的。另外写信的时候必须使用专业的行业术语、行话、暗语，避免丢失了被外人看懂。票号把起草信件的人员称为文牍先生。一般的小伙计要进票号工作的话，有几个硬性条件必须满足：年龄必须是为 13~15 岁，太小了不能自理，太大了不好管理；品貌端正，身高五尺，口齿伶俐，祖宗三代必须是清清白白，此外，必须当地有名望的店铺或者商人做担保。这是一个小伙计进票号工作的条件。文牍先生要进票号的话，没有这些繁琐的条件，仅有一个文凭上的规定，必须是当时的科甲中人，即中过举，读过书，有文化。票号给他的待遇会比较丰厚。一个文牍先生在票号里一年可以挣到 200 至 500 两白银的工资，比一个县太爷都挣得多（一个县太爷的俸禄为 45 两）。因此，当地有一句话说“生子有才可经商，不羡七品空堂皇”。

当然不是所有的员工都能挣到这么高的工资。像一般的小伙计进了票号之后，最初的三年学徒期是每人都（除文牍先生外）必须要经历的，三年管吃管住，不挣一分钱，白天端茶倒水伺候掌柜的，晚上就是打算盘、练书法，当地人把这个叫作“吃后生”。三年过后，一系列的考核，即试口、试脑、试心必须要通过。三样考试都通过之后，小伙计可以继续留下干活，这时候开始挣工资。一个小伙计一年最少可以挣到 12 两白银，只要干得好，会涨到 24 两、48 两不等，最高会涨到 100 两。其实在票号里，只要是能挣到 100 两工资的人，到任何一个票号工作都会受欢迎，因为他对票号操作流程很熟悉，算是个人才了。那这个时候，票号就要想办法把人留住，让他心甘情愿地继续给票号工作。留任的最好的办法当然是用钱，所以当时日升昌想出了最早的股份制——二元股份制，即银股和身股。银股就是东家用银子去入股，和现在企业的资本股是一样的，当时李东家是投资了 30 万两白银，所以就分成了 30 个股；身股是员工靠自己，拿自己的劳动力去入股，一个小伙计一旦入股的话，最少 0. 1 股算起，最高是满股一股，但一般来说，这个满股是总号大掌柜享有的。当时四年一个账期，4 年下来，东家入的银股和员工入的身股是同股同酬，平均分配的，做到了公平对待。但是两者有一个本质上的区别：银股可以转让，可以世袭，可以出售，父传子，子传孙，孙子没钱花了还可以把它卖掉；但是身股不能，身股是人在股在，人走股份就随之消失了，没有实实在在的银子，只是在账上记了一个数字，等到账期末的时候享受分红。所以说日升昌是中国最早的银行，也是中国最早的股份制企业，这个股份制在很大程度上为票号留住了很多人才。

一般来说，票号里面一共有三位经理，即票号总经理，俗称大掌柜，主持制定号业主管；副总经理，俗称二掌柜，具体管辖各分号事宜；副总襄理，俗称三掌柜，管辖票号柜台存款、放款、异地汇兑业务。三位掌柜分工明确，各司其职。日升昌的经营制度是两权分离制。东家作为这个票号的投资人、董事长来说，他只能投资，不能参与这个票号大小事务的经营。作为掌柜的来说，只能经营，不能投资。经营权和投资权是完全分开的，而且当时的两权分离制实行得比较彻底，号规当中明确规定：财东平时不能去票号；不能指示票号内部人员为其办事；不能为自家的票号保送任何学徒；甚至不能利用自己票号的名义在外面举办任何活动。财东将票号完完全全交由大掌柜管理，每到年底，掌柜要向财东汇报当年的经营情况，如果干得好的话，可以继续干，如果干得不好的话，财东可以将掌柜开除。另外号规当中给员工们规定：一不准接眷外出；二不准在外娶小纳妾；三不准宿娼赌博；四不准在外自开商店；五不准染不良嗜好；六不准蓄私鉴货；七不准把号款借与亲友；八不准投机取巧，买空卖空；九不准懈怠号事，苟且偷安；十不准向号中相与之家浮挪暂借。

日升昌凭借诚信笃义的经营原则、科学完善的管理体制、敏锐的经营策略、举贤任能的用人之道，为整个中国的金融业开启了新篇章。整个中国在日升昌产生之后，一共出现了 51 家票号，其中山西有 43 家，光平遥县城就有 22 家。可以说当时候整个中国的金融中心就在平遥。

伴随近代流通货币的迅速标准化，西班牙银元、墨西哥鹰洋等银元及庄票和银行钞票的广泛流通，原始意义的票号汇兑生意早已消亡，信贷服务成为主业，而从事信贷业务方面，票号显然无法与二十世纪初期大量兴起的外资银行竞争。清朝的最后十年，是山西票号的“黄金时代”。清廷与各国签下《辛丑条约》，慈禧将规定的赔款本息共 10 亿两白银交票号汇兑，各省每年把应交赔款解付给票号，再由票号汇给汇丰银行。公款汇兑业务的开拓及票号开办的准入垄断，让晋商的势力和财富呈几何级数的增长，各家票号都赚得盆满钵满。

但山西票号曾依赖于给各地政府财政和军需提供信贷支持，在战乱特别是辛亥革命中，损失惨重，最终逐渐走向了衰亡。

案例评析

要实施好民法典和相关法律法规，依法平等保护国有、民营、外资等各种所有制企业产权和自主经营权，完善各类市场主体公平竞争的法治环境；要依法保护企业家的合法权益，加强产权和知识产权保护，形成长期稳定发展环境，鼓励创新、宽容失败，营造激励企业家干事创业的浓厚氛围；要推进简政放权，全面实施市场准入负面清单制度，支持企业更好参与市场合作和竞争。

（节选并改编自王玉爱《从日升昌票号兴衰看清代金融业发展》）

第五章　古代中国的发展的特征与成就

第一节　经济结构与运行机制

思政元素

早在1983年12月22日，习近平总书记就曾强调：“要开阔视野看世界，摆脱小农意识，树立改革开放新风，激发经济发展活力”，“商品经济是一种开放性的经济，要加快其发展，必须实行开放性的政策，把内部和外部的各种有利条件都充分利用起来”。

案例内容

传统小农经济在中国社会发展过程中发挥着重要作用。以家庭经营为主要特征的小农经济在人类发展进程中有着很长的历史，对人类的生产生活发挥着至关重要的作用。古往今来，小农经济在中国并没有断根，始终支撑着国人的基本生存。随着社会化大生产的到来，特别是中国近代社会发生的巨变催生国人对国家经济基础进行思考，有人试图改造小农经济形态，但应该看到的是，中国近代历史上小农经济的生命力有着顽强的表现，越是艰难越是顽强。党的十一届三中全会之后，中国的改革在农业领域拉开序幕，基于家庭承包经营的农业基本经营制度极大地调动了农民的生产积极性，农村改革所取得的成就为城市经济改革奠定了基础。所幸的是，时至今日，小农经济并没有被“去小农化”，农业现代化的相关政策仍强调以“农户经营为基础”，至今近90%的耕地和80%的粮食产量仍由农户家庭承包经营。因此，我们有必要进一步认识中国小农经济的生命力，避免出现一些阶段性的认识误区。

1. 生产性：国家粮食安全保障

保障国家粮食安全是国家稳定发展的重要前提。中国作为世界上最大的发展中国家，为世界发展做出了巨大贡献。截至 2020 年年底，中国粮食实现“十六连丰”，其背后是以“家庭承包经营为基础、统分结合的双层经营体制”在发挥机制作用。农户按照当地的需求进行农业生产，其劳动力成本较低，使得粮食生产更有保障。工业化农业的资本追求最高的单位生产效率以实现利润最大化目标，国家粮食生产、食品安全风险加大。大规模农业生产要求较高的生产成本，要求承担的自然和市场风险较大。在这种情况下，小农一旦失去土地及传统生产要素，对资本形成高度依附性，农业生产便失去自主性，原有的低劳动成本的优势将丧失，兼业形态的小农将彻底成为回不去的进城务工人员，农村劳动力从土地上获得部分自给自足的生活资料的局面将被打破，藏粮于民的优势势必演化为被工商资本所左右的劣势。以家庭经营为基础的小农经济依旧是国家粮食安全的重要保障。

2. 生态性：多元化农业的前提

大自然赋予农业不同于其他行业的属性，从土地、光、热、水等资源中获得食物，使得人类生命得以延续。农业生产依附于大自然，也将生物、环境连接在一起，彼此之间相互影响并处在一定的稳定结构中，由此才生产出农产品。农业的生态性是人们从事农业多功能性开发的前提，也是一个从农业生态系统中进行能量输入、传递和转化的过程。生产使得劳动者获得生活资料，也获得了劳动的权利和劳动的喜悦。小农经济的存在是维持农业生态性的保障，它使多元化农业发展有了可能。大规模单一化农业忽视了中国资源禀赋的特点，工业化农业使得资源环境约束达到极限，化肥、农药等化学品的泛滥使用给农业生态环境造成致命破坏。单一化种植破坏生物的多样性，追求生产效率最高、利润最大化等使其无限制地汲取农业，忽视了农业生产的生命周期，势必造成重大隐患。小农生产方式满足小农自身的生产生活需求，有适合农业生态自身的土壤、肥料、耕作方式和生命周期。保护农业生态性，是进行农业多样化选择、多元化开发的前提。

3. 生活性：农民生计的底线

小农经济不仅包含农业生产经营活动，也包括农民的生活方式。小农是以农民家庭为生产和消费单位的，农民家庭不使用雇佣劳动力，只依靠家庭劳动力进行生产，其组织经济活动的逻辑不是资本主义式的，而是对所拥有的资产进行适当分配，以维持家庭消费和生产的平衡。工业化农业追求投入产出比最优，打破了生产与消费的整体平衡。小农基础上的农业现代化，一方面维持着以家庭为单位的生产经营方式，另一方面体现了现代科学技术在农业领域的适用性。小农经济满足农民生产生活，体现劳动者生命价值与人性特点，从而在国家发展过程中起着维持农村社会稳定的蓄水池和稳定器作用。诚然，小农经济在国家的不同发展阶段，因国家战略发展需要，其体现的社会意义不一样，但始终维持着农民生计底线。

4. 文化性：乡村文化的载体

中华传统文化以农耕文明为主要内容，广袤的土地上孕育着各民族在区域农耕环境里形成的各具特色的民族文化。乡村是人类文明发祥地，农耕社会是人类得以生生不息发展的命脉所在。工业化农业依靠技术优势使农业多样化形态变为单一性形态，颠覆农耕文明。单极化技术推动的西方工业文明面临着四大失衡危机：人与自然失衡导致能源环境危机，文化与科技失衡导致世界去文化危机，物质与精神失衡导致人类精神缺失危机，城市与乡村失衡导致文化传承断根危机。大量小农的存在，充实了村庄，为完善村庄基础设施建设、充足公共产品供给、健全村庄管理提供了载体，这便是“中坚农”对村庄的社会意义。载体除了体现在器具物质层面外，更为重要的是体现为农耕文明下形成的社会治理模式。小农经济小规模的熟人社会形成了对乡村社会秩序的内在约束，形成异于西方的低成本的社会治理模式。小农经济作为乡村文化的载体，无形内化于小农生产生活的全过程，这是“去小农化”的大规模农业现代化所无法比拟的。小农经济的生命力之顽强，实质上是小农经济之下的乡村文化在起着支撑作用，并不断地形成传统文化的核心内容，在继承与发展中影响民族的价值观念和思维方式。乡村蕴含着引领未来文化发展新潮流的新元素、新动力，是生态文明时代新文化的发育温床。

案例评析

中国古代社会在几千年的发展中形成了耕织结合的自然经济，以及精耕细作的集约化经营和以家庭为基本生产单位、小农经济为主体的社会经济结构，它们依旧在中国特色社会主义建设中扮演着重要角色。

（节选改编自张孝德的《农业现代化的反思与中国小农经济生命力》）

第二节　经济的波动与发展的阶段性

思政元素

2020年12月12日，习近平总书记在气候雄心峰会上通过视频发表讲话时倡议，“增强信心，坚持绿色复苏的气候治理新思路”，“大力倡导绿色低碳的生产生活方式，从绿色发展中寻找发展的机遇和动力”。

案例内容

有学者统计发现，从公元850年起，中国历史上有七次大动乱都发生在冷期中，85%以上的改朝换代和所有全国动乱都是在冷期发生的。1939年，马瑟斯（Matthes）提出了“小冰期”的概念。“小冰期”泛指全新世气候最宜期之后的冷期。20世纪60年代之后，随着研究的深入，众多学者将这一冷期称为“新冰期”，而“小冰期”则专指从中世纪（公元5世纪后期到公元15世纪中期）到20世纪上半叶暖期之间的几个世纪的冷期。“小冰期”开始于13世纪，之后又经历了相对温暖期，在16世纪中叶到19世纪中叶达到鼎盛。竺可桢、王绍武等学者通过研究，将华北地区的“小冰期”划分为三个冷期：1470—1520年，1620—1720年，1840—1890年。后来学者又研究发现，第一个冷期在华北为弱冷期，而“华北地区近500年只有1500—1690年和1800—1860年两个寒冷期”。其中，1500—1690年的寒冷期的持续时间较长，而这一时期正是明清更迭之际，气候的明显变化与国家政权的更替呈现出惊人的一致性。

“小冰期”的气候变化对明清政权的交替所产生的影响，主要表现为气候的非正常变化对农业生产造成重大破坏，加之气候变化所造成的各类极端性的自然灾害，大大削弱了明王朝的经济实力，同时连锁产生了各种社会不稳定因素。具体来说，在“小冰期”的气候条件下，我国的气温普遍降低，历史文献中关于该时期南方冬天结很厚的冰的记载很多，而且各地极端初霜期的出现明显提早，内蒙古和东北大约比现代早30天以上。从刘昭民所绘的“明代气温变迁表”可以发现，明代中后期的气温与现在相比低了1.5℃~2℃，达到了“小冰期”的低温极致。

中国是传统的农业社会，而气温的恒冷无疑会对农业生产带来不利影响。研究发现，在秦汉、隋唐等暖期，北方的农业种植界限较为靠北，适宜的气温和湿度有利于农作物的生长，因此农耕区的面积得以扩大，农作物的成熟周期减少，产量增加。而在气候寒冷的时期，湿度降低，适宜耕种的土地面积减少，农业的种植界限明显南退，农作物的生长周期变长，产量下降。“从我国古代稻作区分布的演变历史看，气候温暖时，黄河流域普遍种植单季稻，双季稻可北进至长江两岸；而气候寒冷时，黄河流域稻作规模明显缩小，仅呈零星分布，双季稻南撤到长江以南地区。”双季稻开始于唐代，到明代，尤其是1620—1720年，由于天气的寒冷，双季稻已经不能栽植。

另外，“小冰期”对商业的发展同样也有制约作用。中国古代商业的发展主要靠航运，但在“小冰期”的极致气候条件下，年降雪量大，降雪频繁，冬季寒冷。因而，长江、黄河等的运河、海道等都出现了较长时间的冰冻，汉江、太湖、洞庭湖、淮河等水系都曾多次结冰，这些都对商品的流通产生不利影响，从而导致商业发展的滞缓。

“小冰期”的气候变化对生态环境造成很大的破坏，提高了如旱、涝、雹、蝗等自然灾害的发生频次。明代，尤其是中后期，极端的气候变化常常造成种种灾害。“无论从灾荒总数，还是成灾频度，以及灾荒的破坏力，明代的灾荒都是空前的，就灾荒频度而言，明代灾频更是排在前列。”明末清初，黄河故道河南延津县附近的胙城县整个县城，一日被飓风所卷之沙压住，沙高数米，有学者就认为：“这一罕见的灾变事件出现在明清宇宙期内并非偶然，反映了自然界变化的一种特大峰值。”总之，明代中后期特大灾害出现的频次较以往时期要高，而且有一些时间段，几种特大灾害同时发生，这些都必定会对当时的社会生产和发展产生严重的危害。而积弊日久，矛盾丛生，也加快了明代社会覆灭的进程。气候的恶性变化造成的自然灾害中，最突出的要数旱涝。明代中后期，特大干旱发生的频率远高于前期。据不完全统计，崇祯在位的17年中，全国各地竟然发生了14次特大干旱，“饿殍遍野”“人相食”等现象不绝如缕。虽然干旱在中国历史上经常出现，但明代中后期干旱范围之广，程度之严重，触目惊心。崇祯十三年的干旱是1 800年一遇的大旱，也是中国自汉代以来遭遇的最严重的干旱。而且，在这一年前后，崇祯十二年（1639年）的干旱是百年一遇，崇祯十四年（1641年）的干旱为五百年一遇。明代末年的大旱灾，持续时间最长，受灾人口最多。1638—1644年的连年旱灾，也是导致明朝灭亡的一个不可忽视的诱因。

从上面所引材料也不难看出，旱灾往往还伴随着蝗灾发生。明代中后期，北方旱灾频发，南方地区遭受着特大雨涝灾害的侵袭。气候的恶变也多产生雹灾。伴随着冰雹的又多是强降雨和狂风天气，对人畜安全，以及农作物生产都会造成重大的破坏。除了上述对农业生产会造成严重破坏的旱、涝、蝗等灾害外，还有些会直接威胁到人民的生命健康，如瘟疫，其发生也多是由于气候的异常变化。明代从 1408 到 1644 年春，有一二十次大疫。气候反常及其所致自然灾害是大疫发生和流行的主要因素，“这一方面由于气候反常和自然灾害导致了致病因素的滋生蔓延，另一方面自然灾害引发饥荒，降低了人体抵抗力，使疾病乘虚而入，并且可大面积流行。”

由于气候的异常、灾害的频发，明代中后期的各类疫情连续不断地发生，明代中后期发生了两次大瘟疫，即 1586—1590 年、1640—1644 年，而与明代末期持续干旱同步的第二次大瘟疫尤其严重。据《中国古代自然灾异群发期》的考证，这次疫病流行的分布变化大致为：1640 年主要流行于河北南部、关中平原、山西河津至山东济南沿黄河地区、淮河以南至长江以北地区和杭嘉湖平原；到 1641 年，疫区扩散到兰州、河南、湖北、江西等地；1642 年，长江流域和江南的很多地区也爆发了疫情；1643 年，南方疫区主要在湖南和江西赣南，北方疫区蔓延到北京、山东、河北等地；1644 年，华东、华北、华中都有重大疫情。在这些瘟疫中，鼠疫的危害程度非常大。明代中期，鼠疫在山西、河北、河南就曾零星爆发。明末，“从崇祯六年至崇祯十七年的十几年间，鼠疫从中部和北部几个地区开始了新一轮的流行。”山西、陕西、河北、河南、山东等地都有鼠疫的大流行。“就崇祯年间华北三省鼠疫流行的情况来看，崇祯六年可能是其零星的爆发期，其中心地位于山西南部或中部地区，崇祯七年到八年，鼠疫在太原府西部的兴县一带爆发流行。崇祯九年到十年，在陕北地区和本省大同府地的鼠疫流行可能与兴县鼠疫有直接的关系。此后传入河南和河北等地，在崇祯十四年大流行。至崇祯十六年及十七年，又在北京、天津等地大流行，造成华北两大都市人口的大量死亡。”“在明清之际华北三省的死亡人口中，至少应有 500 万以上的人口死于鼠疫。”疫病的发生不仅导致了人口的减少，而且军队的作战能力也被削弱。

明代中后期气候的变化，很大程度上对明代社会的经济发展、社会稳定造成破坏，进而从根本上动摇了明王朝的根基，正如有些学者所论：“15 世纪末的干旱使得北方大批人口脱离土地成为流民，构成当时社会动荡的一个因素。17 世纪开始的全国性大旱灾带来的社会震荡更为激烈。简略地说，这一次全国范围的大旱灾直接导致全国性的大蝗灾，也引发了波及差不多整个华北地区的鼠疫大流行。人口大量死亡，灾民大量离乡。”这些频繁、大量发生的自然灾害对明王朝的覆亡具有加剧作用。

气候变化不仅可以导致自然灾害的发生、物质财富的毁坏、人口的减少，而且还能直接导致战争的爆发，影响社会的安定，甚而导致政权的覆灭。纵观历史，从秦末的陈胜、吴广起义，到汉代的绿林、赤眉起义，以至明末李自成起义，无论时间长短，规模、范围大小，无不有灾荒相伴随，而灾荒的发生及严重程度和气候变化的因素关系密切。

就明代而论，中后期气候的异常变化，是导致各地农民起义的客观诱因。早在永乐年间，山东就爆发了唐赛儿起义，而明末的农民大起义则是灾害升级的必然结果。爆发李自成起义的陕西是当时受灾最严重的地区之一。李自成率军进入河南时，正逢河南大饥荒，起义军在河南可谓一呼百应，不仅受灾农民加入其中，很多起义组织也都归顺了李自成。明代末年的这场大灾荒为李自成起义军的壮大创造了有利的时机和条件，而李自成起义队伍的不断发展壮大则是导致明朝灭亡的关键因素之一。而且，起义军的很多战略决策也与明代末年的灾荒有着或多或少的联系。在人民饱受灾害和瘟疫之苦时，起义军这些政策无疑是无边黑暗中的光明，所以起义军才会深得人心。当然，李自成的起义由盛转衰，以至失败，也与灾荒、瘟疫有着很大的联系。自然灾害影响着战争的进程，而且粮食供应情况，往往直接影响到军事斗争的胜败。李自成三次攻打开封时，动用百万之众，而供给又遇到困难，对人民的侵扰也在所难免。另外，“均田”的政策并未得到有效的贯彻，这些都给起义军造成了不良的影响。尤其值得注意的是，灾荒，再加上战事激烈，起义时期瘟疫的大面积流行，都成了威胁起义军的一大灾难。

气候的变化也是导致清军入关的一大因素。有学者曾对气候变化与中国北方民族政权疆域南界的纬度变化进行过统计分析，发现“游牧民族的阶段性南下及其南迁的幅度，都与气候的周期性变化及其变化程度存在着大体同步的共振关系。”气候寒冷时期，湿度降低，容易引起连年旱灾，使牧草的生长受到影响，土地沙漠化现象严重，草原的生态环境受到破坏，游牧民族的生产受到摧毁，因此他们需要南迁寻求生存的机会，形成对中原农业民族的威胁。女真族的发展、壮大与气候变化的影响密切相关。女真族在发展壮大的过程中，与中原人一样，常受自然灾害的侵扰，但他们在努尔哈赤的带领下，一次次渡过了饥荒。明清“小冰期”的气候也为满族的军事胜利提供了有利的条件，因为清军对寒冷更具适应性。

概而言之，明清易代的原因有很多，如明代中后期政治上的黑暗，连续几位皇帝的政治不作为、昏聩无能，以及宦官专权、大臣的党争等，都是导致明朝覆亡的重要因素，但气候的异常变化对明代的经济实力、民族关系、阶级关系及民心所向等政权赖以维系的几个方面，无不产生了消极性的影响，而朝政的黑暗、国君的昏聩等人为因素也使因气候变化而产生的灾害得不到有效治理。总之，气候变化虽然不是导致明清易代的最主要因素，却是各种因素中最为重要的客观自然原因。

案例评析

气候变化在人类文明进程中起着重大作用。朝代兴替之际往往气温异常低，低温伴随干旱，干旱导致粮食短缺，再进一步引起战乱。而中国历史上的王朝兴衰规律对这一过程做出了充分注解。

（节选并改编自李忠明、张昳丽《论明清易代与气候变化之关系》）

第三节　经济发展的成就与在世界经济发展中的地位

思政元素

2017 年 4 月 19 日，习近平总书记在广西考察时强调："要让文物说话，让历史说话，让文化说话。要加强文物保护和利用，加强历史研究和传承，使中华优秀传统文化不断发扬光大。要增强文化自信，在传承中华优秀传统文化基础上发展社会主义先进文化，加快建设社会主义文化强国。"

案例内容

都江堰水利工程举世瞩目，被联合国授予"世界文化遗产"的称号，都江堰学亦成显学，为学术界重视。所谓"都江堰学"，乃是对都江堰水利工程的历史渊源、工程设计思想、经济效益及社会效益诸方面进行研究探讨的学问。

古蜀属奴隶社会，同中原文明一样，农业乃立国之本，农业生产关乎社稷存亡。因此，大兴水利，祈盼丰年，是各民族人民的重要活动。中原有大禹治水的传说，古蜀亦有类似传说。史籍中有关蜀地治水的信息，最早见于

《尚书·禹贡》:“岷山导江，东别为沱。”岷江古称大江，导江即引导江水，治水之意；“沱”在梁州，今之都江堰宝瓶口分出的沱江。这个论断多有争议，但蜀人治水乃不争的事实。“鱼凫治导江”则是蚕丛之后又一治水记载。鱼凫从字面看当属水居民族，重视治水，地点仍是岷江，今温江县有鱼凫城遗迹，在岷江水系范围内。历代蜀王治水的结果是农业发展，“号称天府，地曰华阳”。在秦守李冰治水之前，天府之国的格局已然形成，古蜀文明发展加速，瞿上、郫邑这两座蜀国王都相继繁荣，百业兴旺，绵延几千年。从蚕丛氏导江开始，古蜀人世世代代治理岷江水患，保护都城。但先民与水斗谈何容易！在成都平原水患不息的状况下，蜀都几次迁徙应与水患有关。蜀人治水是漫长的历史过程，并非一日之功，其间能工巧匠必不可少，但多隐姓埋名，后世或许永远不知。

都江堰水利工程主要由鱼嘴、离堆、飞沙堰组成，历经两千多年今仍发挥效力，令人惊叹，反映出古人高度先进的治水理念。但是，今人在惊叹之际，往往忽视这样的历史事实：都江堰水利工程是古人长期与水患搏斗形成的智慧结晶，表现出数千年来中华民族的认识能力和科学观。古蜀治水，先有“岷山导江，东别为沱”之举，即对岷江疏导、分流，以降低水流量，避免集中成患。鱼嘴是都江堰分流的先导设施，为堰首。历史上，由于岷江水流的变化，鱼嘴的位置并不固定，最远处在“于白沙邮作三石人立三水中”的白沙邮，在今韩家坝洲头，距现在的鱼嘴近两千米。早期的鱼嘴建设显然并无系统性，而视水患情况建造。既游移不定，断不可能自李冰始建。蚕丛氏治水，最有可能建鱼嘴为导江工程，后有开明氏“决玉垒山以除水害”，同样可能用鱼嘴分流。故鱼嘴的建造并非李冰的专利，蜀人早有使用。有人考证都江堰的二王庙原是纪念杜宇治水的“望帝祠”，可窥见古蜀治水一斑。

离堆，开凿者是谁？史无确切记载，开明氏、李冰均有所“凿”，但都不确指都江堰离堆。离堆在蜀中有多处，大多系自然形成，唯都江堰离堆争议最大，盖因都江堰名声使然。如果仅为李冰争功，固然利于宣传，反而成伪命题，违反历史规律。既然古人并未直言其事，今人何苦强人所难？离堆处在岷江口，当是地理环境的偶然巧合，为人工治水提供天然屏障，亦是古蜀人因势利导、善于利用自然环境的典型例证，这在水利史上并不鲜见。古蜀时代，生产力不发达，人力尚不足以劈山开道。何况，岷江水连年泛滥，开凿宝瓶口绝非一两载，蜀人如何避免治水工程被淹？开明氏凿玉垒山，乃是利用离堆的天然地势，将宝瓶口疏通，导江方能有效。表明古蜀治水指导思想：利用自然地势、辅以人工。在生产力尚低下的古蜀时代符合国力实情。李冰步其后，疏浚宝瓶口，加筑飞沙堰，使都江堰形成系统工程，效益大增。李冰的贡献蕴含系统论意识，扩展都江堰规模，集中体现出“天人结合”的理念，功在当时，利在千秋。今天，这种水利建设的指导思想亦属先进。

总之，都江堰水利工程是几千年来四川地区治水奇迹，反映世世代代劳动人民的聪明才智，其中古代蜀人居功至伟。

案例评析

都江堰水利工程，历经 2 260 年而不衰，是当今世界年代久远、唯一留存、以无坝引水为特征的宏大水利工程。它是中国古代历史上最成功的水利杰作，更是古代水利工程沿用至今，“古为今用”、硕果仅存的奇观。我国历史上曾多次完善都江堰水利设施。成都平原水利建设的不断完善，使水稻种植面积不断扩大，加之轮作复种的普及，粮食产量大幅度提高，为全国较大的、较重要的产粮区之一。

（节选改编自姚思源《论古蜀文明与都江堰学》）

第六章 世界市场的扩张与中国经济近代化的起步

第一节 资本主义世界市场的扩张与世界经济格局的变化

思政元素

2018年6月22日至23日，习近平总书记在中央外事工作会议上强调：“所谓正确历史观，就是不仅要看现在国际形势什么样，而且要端起历史望远镜回顾过去、总结历史规律，展望未来、把握历史前进大势。”

案例内容

人类社会的多元化、多样化最早来源于人类先民赖以生存的自然地理条件的多样化，不同的自然地理条件孕育了不同的地缘经济、文化、社会和政治，可以统称为地缘文明。中华文明与其他文明体之间，一直保持着直接的或间接的、密切的或不那么密切的、时而中断时而又接续的联系。

在漫长的历史进程中，人类是一个统一的文明体，但各地缘文明之间的发展很不平衡。中国人早慧，故中华文明早熟，也自然是原创。中华先民在漫长历史进程中，包括与其他文明相接触、交流和融合的过程中，自主地创造了人类光辉灿烂的经济、技术和文化成就，形成价值独特的中华文明。虽说唯独中华文明是人类社会最古老文明中持续发展至今的地缘文明，但其在历史上的发展绝非一帆风顺，而是几经异族文明的冲击和摧残。由于历代中国人能够在顽强地维护和坚持自身文明的核心价值的同时，不断与异族文明相交流、相融合，因而中华文明得以延续、丰富和发展，进而形成东亚文明，并在长达几千年的历史中不断地向其他地缘文明传播辐射。在许多著作中长期流行一种提法，说中华文明是农业文明，西方文明是工业文明，暗含对农业文明的贬义，殊不知人类不经过农业文明如何能有工业文明?

早在秦汉时期，就形成了以中国为核心的东亚经济圈，表现在地缘文化上是儒家文化圈，表现在地缘政治上为“朝贡体系”或“贡纳体系”，表现在地缘经济上实为一种变相的国际贸易体系。中国先进的经济技术文化不断向外部传播扩散，主要是通过发展国际贸易，汉初更开辟了丝绸之路，与西方交通。在漫长的历史中，中华文明与印度文明、阿拉伯文明、波斯文明、拜占庭文明等那个时代的主要地缘文明交流最多，关系最密切，它们都是亚洲文明。亚洲在历史上不仅长期执世界经济文化的牛耳，是世界经济政治和文化的中心，而且就中华文明、印度文明和阿拉伯文明等地缘文明之间的关系而言，大体上亚洲是一个和谐世界。待中国唐朝经济文化发达到一个辉煌的高度和万方来朝时，长安已然是东方地缘政治中心。当时西方刚刚走出长期动荡战乱的大迁徙时代，与蒙昧时代相去未远，其地缘文明即西方基督教文明尚待形成。

西方熬到黑暗而漫长的中世纪中晚期，通过发动海外殖民战争摆脱了中世纪的社会危机，开始了对近代世界历史影响深远的全球扩张，于是西方开始崛起。西方史学家非常看重公元1500年，将其看作西方崛起的起点，实际上从那时起，西方又经历了三百多年堪称艰苦卓绝的征战杀伐、原始积累、工场手工业的提升、阶级斗争、军事和政治革命，教育和科技创新等环节，其崛起的地缘政治秘密在于“使用有组织的暴力”（亨廷顿语），其地缘经济秘密在于，“欧洲用他的美洲货币购得一张乘坐亚洲经济列车的客票”，“经过三个世纪的努力才逐渐改变了长期在东西方贸易中的依附地位”(弗兰克语)。进入19世纪，随着工业革命的完成，西方改变了长期在东西方贸易中的依附地位，到1842年，中国完全沦为半殖民地半封建社会，才算彻底颠覆了东西方关系，根本改变了全球地缘政治格局。

虽说总体上人类社会相互之间的影响、交流（冲突也是交流的一种特殊形式)、渗透从未间断，促进了人类社会共同发展，但是毕竟由于发展不平衡，特别是地缘文化不同，相互交流的方式大有区别。其中东方文明是先发文明，对后发的西方文明的影响漫长，态度平等、平和、友好，历史作用巨大且积极；反之，近代后来居上的西方文明对东方文明的影响历史相对较短，但态度野蛮、傲慢、充满暴力和毁灭性企图；特别是，中国古代经济文化先进，却无传教传统，崇尚“己所不欲，勿施于人”，更不强加于人，从来没有“东化”别国的企图，对外贸易也平等且公道，所以在两千多年中各国客商不断前往中国，丝绸之路上各国客商络绎不绝，“先后有罗马、拜占庭、印度、伊朗、阿拉伯哈里发与后来的欧洲及俄罗斯沿着它运送自己的产品”，千辛万苦向中国“朝贡”贸易；而17世纪以来西方一贯试图西化、分化中国，愈来愈表现出一种恃强凌弱，强加于人的倾向（早期耶稣会士相对好些，也是由于当时西方国家实力不够，对明朝和清朝早期的中国强加不了）。就中国经济、技术和文化对西方的积极作用而言，历史上至少有三个重大历史事件极大地加强了东方文化对西方的影响：一是汉初开通的丝绸之路；二是汉击匈奴导致北匈奴西窜至中亚、西亚和中欧，成为西方民族大迁徙的推动力；三是成吉思汗远征欧洲和建立对欧亚大陆的统治。通过这三个重大的历史事件，中国和阿拉伯的商人通过丝绸之路（先有陆路，后有海路）为西方源源不断地输送中国先进的商品、技术和文化，中国四大发明西传只是其中的杰出代表。中国很早就发展国际贸易，到宋朝时中国的科学技术、商品经济和国际贸易已经是世界最发达水平，但硬是不进入资本主义社会：非不能也，是不为也。正如沃勒斯坦所说：“资本主义是一剂危险的麻醉药，在整个历史上，大多数文明，特别是中国文明，一直在阻止资本主义的发展。”

东亚作为人类唯一持续存在和发展并领先于世界其他地区的地缘经济和政治存在，长期处于世界经济文化中心，决定着世界经济格局，这是一个历史事实。否则，近代欧洲的异军突起就不可思议，也不合逻辑。

真实的历史线索是，16世纪以来，随着对非洲特别是南美洲的殖民扩张，西欧得以进行人类史无前例的大规模资本原始积累，并由此推动资本主义生产方式的迅速兴起，开始逐渐改变在漫长的人类文明史中，西方在国际分工、国际贸易和世界经济中对东方的历史依附地位。18—19世纪，西方终于得以有能力靠暴力和近代工业打败东方，一举改变了全球地缘政治格局，建立全球霸权。那种认为在资本主义生产方式出现以前，不存在统一的世界体系包括经济体系的观点，难以自圆其说，实际上属于一种与“西方中心论”相适应的意识形态，而近代西方不过“是在同一个唯一的世界经济或体系中取代了东方的位置”。

案例评析

所谓“世界经济格局”，实际上就是世界各国或国家集团相互作用而形成的世界经济内在结构的外在表现，其核心内容是大国或国家集团之间的经济力量对比关系和支配别国经济乃至世界经济的权力配置情况。中国特色社会主义进入新时代，我们有必要饱含激情地去迎接新的机遇和挑战。

（节选改编自郑彪的《世界变局与中国前沿》中连载的《第一章 全球地缘经济政治格局演变分析》）

第二节　半殖民地半封建经济的形成

思政元素

2020 年 9 月 3 日，习近平总书记在纪念中国人民抗日战争暨世界反法西斯战争胜利 75 周年座谈会上强调："中华文明生生不息 5 000 多年，中国人民以非凡的创造力为人类文明进步做出了不可磨灭的贡献。但是，1840 年以后，由于列强的侵略和封建统治的腐朽，中国饱经沧桑磨难，中国人民遭受深重苦难。"

案例内容

鸦片战争以中国战败，割地赔款丧权而告终，它带来了西方列强侵略的百年屈辱和灾难，也开启了中华民族不甘沉沦、自强不息的抗争与奋斗。鸦片战争直接引发了中国社会发展的第三次大变革，成为中国近代史的开端。

在农业社会，中国曾一度领先世界千余年，创造了令世界瞩目的农耕文明。但是到了清代，清廷一直沉迷在天朝上国、万国来朝的幻觉之中蹒跚而行，而西方凭借文艺复兴、宗教改革、工业革命，大步迈向新兴之路。迟暮的清王朝虽然站在农耕文明之巅峰，但与不断变革创新的西方相比，已远远地落后了。在当时的中国，处于封建专制统治体制宝塔顶尖上的仍然是皇帝，他至高无上，无所不及，掌管一切，拥有无限权力，具有绝对权威。"国家的所有财富俱属于皇帝的私产。"在清朝的"政治结构中有君、臣、民三个方面，三者之中，君处于主导地位，它是唯一不受法律约束的立法者、统治者。皇帝大权独揽，其地位神圣不可侵犯，臣则辅君治理，顺从君的意旨。至于人民只是赋税力役的承担者，供上驱遣。政治系统的运转取决于君和臣，人民在政治生活中只有服从的义务，没有参政议政的权利，也没有表达自己正当要求的机会，否则即是可杀可诛的莠民、刁民"。

法国启蒙思想家孟德斯鸠认为，中国是专制政体的典型代表，"专制政体是一人单独执政的政体，既无法律又无规则，全由他的个人意愿和喜怒无常的心情处置一切。”而1729年清政府军机处的设置，则进一步强化了专制君主权力，军机处虽总揽军政大权，但绝对听命于皇帝，成为皇帝的秘书班子，军机大臣无日不被召见，无日不承命办事。

清代前期虽然连续出现了康熙、雍正、乾隆三个相对英明的皇帝，在他们的治理下，中国封建社会呈现出了国家统一、经济繁荣、政治稳定、国力强大、文化昌盛的所谓“康乾盛世”。然而，大清帝国在盛世的繁荣表象之下，却潜伏着一些不为当时人们所觉察的危机：限关锁国、重农轻商、禁锢思想、轻视科学等。美国学者费正清就曾明确指出：“表面上看，清朝的统治到18世纪晚期正处于空前的鼎盛时期。但是在19世纪中期，它就证明是一个躯壳中空的巨人。”如果我们把所谓的“康乾盛世”比作封建社会的夕阳在大清土地上投下的最后一缕阳光的话，那么清朝政府很快就踩上了“嘉道中衰”的下坡路的滑板：从开疆拓土、领土完整到落入割地赔款的境地，从主权完整沦落到主权沦丧的残局，最后撞得头破血流。

当清廷奉“重农抑商”为国策，压制商品经济的发展，将资本主义萌芽扼杀在襁褓当中的时候，西方则把贸易作为国家发展的基石，推行“重商主义”，拓展海外市场，以海洋贸易拉动经济发展。当清廷为自给自足的自然经济而沾沾自喜的时候，西方已经跨入了以蒸汽为动力、以大机器生产代替手工作坊的工业时代。当清朝学子醉迷于尊古读经、烦琐考据，靠八股文的科举考试谋取功名的时候，西方已经把实验置于首位，谋求自然科学的突破，涌现出一大批震古烁今的科学巨匠，如牛顿、哈维、波义耳、拉瓦锡、莱布尼茨、达尔文。当中国皇权当道、专制盛行，因“清风不识字，何必乱翻书”受到处罚，遍布全国的文字狱让知识分子心存不安的时候，西方已经突破王权和宗教的束缚，孟德斯鸠、伏尔泰、卢梭成为“法兰西思想启蒙运动三剑客”。当清廷为对付海上反清力量，实施禁海和迁移政策的时候，英国凭借地理大发现和航海技术的提升，开启了征服全球的大航海时代。当平定叛乱，征战结束，清廷举目四望，在国内与周边再也找不到可能与之抗衡的对手，大有刀枪入库，放马南山之势的时候，西方各国则磨刀霍霍，在海洋掀起一场又一场争霸战争。

当清廷置世界武器发展的滚滚潮流于不顾，把“骑射”当作“本朝家法”和“满洲之根本”的时候，西方各国已在战争的催化下，武器发展得十分活跃，各种先进武器在工厂车间大批量生产。当清廷的水师主力每艘战船必须6个月造成，而造价只有4 000两白银的时候，英国一级战列舰规定至少花3年时间，最好6年时间建造，并且每艘造价高达20万两白银。当清朝在打压、限制民用船只，即限制尺寸大小、限制排水量、限制所携带的粮食、淡水、限制船载鸟枪（8杆）、腰刀（10把）、弓箭（10副）、火药（30斤）、小炮（2门）的时候。英国却在鼓励、刺激，乃至奖励商船的发展，被誉为“英国海军之父”的亨利八世，对超过百吨以上大船，政府每吨给予5先令的补贴。到鸦片战争时期，英国战船技术处于顶峰，海军从一个季节性的有限力量成为一个“几乎无所不能的全能战略单位”。当时的中英差距是全方位的，不是一星半点的。

正因为落后，拥有80万常备军的清军居然打不过远道而来最多不超过2万人的英军。而在这场战争中，道光帝前后派出了11位钦差大臣，清军付出了惨重代价。1842年8月28日，是中国历史上耻辱的日子，这一天，清政府被迫在南京江面的“皋华丽”号上与英国签订丧权辱国的《南京条约》。从这一天开始，中国领土完整被破坏了，中国司法主权丧失了，中国关税自主权也失去了。人为刀俎，我为鱼肉，“潘多拉魔盒”一旦打开，“多米诺骨牌效应”立即形成，列强纷纷逼迫中国签订更多不平等条约。正因为落后，丰满的中国领土被西方列强一点点侵占。

案例评析

历史本质上是以未来的名义对当代提出的警告。而历史研究的价值在于，它以过去的事实，透过现在的镜头，映射在将来的屏幕上。回顾历史才更加懂得落后就要挨打，方知中华民族伟大复兴的不易。

（节选并改编自张建雄的《鸦片战争的历史启示》）

第三节　中国经济近代化的起步

思政元素

2018 年 1 月 30 日，中共中央政治局就建设现代化经济体系进行集中学习时，习近平总书记强调，“国家强，经济体系必须强。只有形成现代化经济体系，才能更好顺应现代化发展潮流和赢得国际竞争主动，也才能为其他领域现代化提供有力支撑”。

案例内容

从 1840 年鸦片战争起，西方列强对中国进行了长达百余年的全方位的侵略。由于发动侵略的西方列强是先进的资本主义工业国，遭受侵略的中国则是一个落后的农业国，因而这种侵略必然对中国社会的变化产生复杂的影响。鸦片战争前夕，中国的社会经济发展水平呈现出两个显著的特点：一方面，传统的小农业和家庭手工业紧密结合的自给自足的经济仍占绝对统治地位，中国还是一个落后的封建农业国；另一方面，产生于明代后期的若干手工业部门中的资本主义萌芽也已有了一定程度的发展，手工工场和商人支配生产是其两种主要表现形式。按资本主义近代工业发展的一般规律，当手工工场的生产在社会经济中占主导地位，即进入工场手工业阶段，资本主义近代工业的产生也就为期不远了。一旦出现技术上的突破，手工工场就会转化为近代机器工厂。但鸦片战争前中国的手工业生产中，具有资本主义萌芽性质的手工工场和商人支配生产所占比重很小，还远未达到进入工场手工业阶段的程度。最重要的棉纺织业，仍停留在农民家庭手工业的发展阶段。这既预示着中国社会经济向资本主义近代工业发展的趋势，同时又表明生产力发展水平仍很低，距离进入资本主义近代工业，仍有漫长的路要走。

自第二次鸦片战争后，中国的资本主义近代工业就开始产生了。从 19 世纪六七十年代开始，清政府先后创办了若干个近代军用和民用企业。同时，民间私人资本也开始投资创办近代工矿业。从当时的情况看，中国原有手工业部门的资本主义萌芽也为近代工业的产生创造了某些必要的条件，如提供了有一定技艺的工人，准备了一定的市场和运输条件，准备了一定的物质和技术基础。很难设想，如果中国仍处于人类发展早期阶段的蒙昧社会，资本主义近代工业能在西方侵略后不久就开始产生。实际上，发达手工业和精湛手工技艺作为资本主义萌芽产生的基础，对资本主义近代企业起了类似于果树嫁接中的“砧木”作用。中国资本主义近代工业的产生，并不是原有手工业部门资本主义萌芽正常发展的产物，西方侵略的影响是决定性的因素。

西方侵略对中国资本主义近代工业产生的影响主要体现在两个方面。一是传播了先进的生产工具和技术。西方列强不仅在侵略战争中展示了其坚船利炮，而且也在华投资设厂。据估计，到1870年，外商已在中国各通商口岸陆续兴办了约43家近代工厂，拥有17 000多名产业工人。至1894年，这类企业已达100家，拥有产业工人34 000人。这些工厂和航运业一般都以蒸汽作动力和使用机器作生产工具，从而对当时的中国人起了示范作用。正是在这样的背景下，中国开始直接从西方引进先进的机器设备和生产技术，创建近代工矿和交通运输业。二是促使中国自然经济的解体和商品市场、劳动力市场的扩大。资本主义近代工业生产不仅需要先进的生产工具和技术，也需要一个广阔的原料商品市场和大量有一定生产技术的廉价劳动力。鸦片战争直接破坏了中国封建社会以耕织结合与纺织结合为核心的自然经济结构，纺织品的商品市场有了明显的扩大，破产失业的熟练棉纺手工业工人的数量也明显增加，从而为中国资本主义近代棉纺织工厂的产生和发展，创造了必要的条件。

资本主义近代工业的产生对中国社会历史的发展进程有着重要的意义。它标志着新的生产力的产生，也必然导致社会阶级关系和思想观念的深刻变化，为近代中国人民探索新的救国道路奠定了基础。这当然不是西方列强侵略中国的本意，但却在客观上推进了中国近代化的进程。

但我们同时又要清醒地认识到，中国资本主义近代工业产生后，其发展速度是相当缓慢的，在社会经济中始终处于非常微弱的地位。据估计，直到1920年，我国全部产业资本约值25.79亿元，全国人均只有5.8元，其中外国在华资本又占了13.3亿元，本国的产业资本不超过12.49亿元了，人均只有2.8元。直到1949年，我国近代工业在工农业总产值中所占比重也仅为17%。

西方侵略对中国资本主义近代工业发展的阻碍作用，主要表现在两个方面。一方面，西方侵略导致近代中国长期处于战乱之中，使中国资本主义近代工业的发展缺乏一个良好的社会政治环境。另一方面，西方列强的侵略还对中国财政经济造成了巨大的破坏，导致资本主义近代工业发展所需资金严重短缺。巨额的赔款必然对财政经济造成严重打击。支付因赔款所借的外债本息，成为晚清和民国政府财政支出的重要内容。清王朝最后 10 余年间财政危机的加重和崩溃，列强发动的侵略战争是其主要原因。

在发动一系列侵略战争的同时，列强仍把对华输入鸦片作为其经济侵略的一个重要手段。在鸦片战争前，英国对华的鸦片输入就已对中国的社会经济造成了严重的危害。鸦片战争后，列强对华鸦片输入的数额在相当长时期内仍呈明显增长趋势。直到甲午战争后，由于国内土鸦片产量的增长，鸦片进口量开始下降。同时，英国政府迫于舆论压力，同意自 1908 年起逐年减少输华鸦片数量。而列强发动侵略战争迫使中国政府实际支付的赔款外债本息和输入的鸦片，就达 42 亿海关两，相当于 1894 年中国财政收入的 47 倍。这无疑是个天文数字。这还不包括侵略战争对中国社会经济所造成的其他各方面的损失，也不包括不平等的贸易对中国社会经济的掠夺。仅这两项，就足以说明西方侵略对中国社会经济破坏的严重程度。巨额财富的外流，必然导致中国资本主义近代工业发展所需资金的严重短缺，从而阻碍其正常的发展。

案例评析

西方侵略对中国资本主义近代工业产生和发展的影响是较复杂的。一方面，西方的侵略客观上传播了新的生产工具和生产技术，导致中国自然经济结构开始解体和商品市场、劳动力市场的扩大。另一方面，我们也应看到，中国资本主义近代工业产生后，其发展是相当艰难的。西方侵略所造成的长期的战乱与动荡，使中国资本主义近代工业的发展缺乏良好的社会政治环境，赔款和鸦片贸易导致巨额资金的外流，使中国资本主义近代工业发展所需的资金严重短缺，西方侵略对中国资本主义近代工业发展起到了巨大的阻碍作用。

（节选并改编自周志初、李琦的《也谈西方侵略对中国经济近代化的影响》）

第七章　近代中国经济政策和制度的变化

第一节　经济管理机构的变化

思政元素

深化党和国家机构改革，是贯彻落实党的十九大决策部署的一个重要举措，是全面深化改革的一个重大动作，是推进国家治理体系和治理能力现代化的一次集中行动。这次党和国家机构改革，不是局部的、修修补补的改革，而是对党和国家组织结构和管理体制的一次系统性、整体性重构。习近平总书记高度重视这次机构改革，自始至终关心指导、亲力亲为。从历史事实来看，政府机构改革始终紧随时代变迁而不断有新的变化。

案例内容

进入20世纪后，清政府进行了一系列的改革，称为“清末新政”。这是自洋务运动和戊戌变法后，清政府的又一次“改弦更张”。清末新政覆盖广泛，涉及政治、经济、军事、文化、社会习俗等各个领域，其中多半是政治改革。作为政治改革重心的中央机构的改革，贯穿清末新政时期旧政改革和宪政改革的全程，影响深远。

清末新政时期，中央机构裁改并增，变动频繁复杂，令人眼花缭乱。旧机构指清末新政前的中央机构，主要有军机处、内阁、六部、通政司、都察院、大理寺、总理各国事务衙门等。1901年1月，慈禧太后以光绪帝名义宣布变法，新政以此宣告开端。3个月后，清政府设督办政务处，总揽“新政”事宜，中央机构改革拉开帷幕。至1906年9月，清政府下诏预备立宪，清之中央机构改革主要为：改总理衙门为外务部，“班列六部之前”；归并詹事府于翰林院，撤通政使司；设商部、学部、巡警部、练兵处、财政处五个新机构。1905 年 12 月，清政府派五大臣出洋考察政治。1906 年 9 月，清政府颁示“厘定官制谕”之后，中央机构改革随之进入宪政的范围。11 月，宣示《裁定奕劻等拟中央各衙门官制谕》，谕令照旧施行“内阁军机处一切规制”，并对中央各部进行了组织性变动：将兵部改为陆军部，把练兵处、太仆寺并进；将户部改为度支部，把财政处并进；又把太常、光禄、鸿胪三寺并进礼部；工部并进商部，设农工商部；将刑部改为法部；将理藩院改为理藩部；将巡警部改为民政部；成立管理轮船、铁路、电线、邮政等事项的邮传部；外务部、吏部、学部依照旧的规制，没有改变。以上共十一部。此外，大理寺改为大理院，“专掌审判”；都察院缩编为都御史一员、副都御史一员，六科给事中改为给事中；增设资政院以“博采群言”，审计院以“核查经费”。1911 年 5 月，在清朝统治行将溃灭之时，颁布了“采取各国君主立宪之制”的上谕，成立了所谓的“责任内阁”，即“皇族内阁”。同时，撤旧内阁、军机处、会议政务处（原督办政务处）、吏部等机构，上述十一个部调减为十部：学部、农工商部、民政部、度支部、陆军部、海军部、法部、外务部、邮传部、理藩部。并特别设立了弼德院，作为皇帝亲临顾问国务之所，用来防止权位下移。武昌起义前，清末新政保留的新设中央机构（包括改组、合并的机构）主要有责任内阁、十部，此外还有资政院、军咨府、典礼院、大理院、盐政院、审计院、弼德院等。

清末新政时期的中央机构改革由归并、改组、增设而建立起众多的新机构，这些新机构与清末新政前的中央机构即旧机构相比，具有三个特点。

一是设置初衷多元化。清朝的政权组织是以皇帝居于权力顶端，部院制结合宰辅制执行运转的。所谓部院制的部院指的是清之主要中央机构，即军机处、内阁和六部等。其设置主要是为了加强君主专制、镇压人民反抗以维护清朝封建统治。清末新政时期所设立的新的中央机构，出于继续维持清朝封建统治这个根本原因之外，缓解西方列强的压迫、抵制革命、拉拢立宪派，以及日俄战争日胜俄败的刺激、清统治集团自身愿望等也是重要因由。

二是职能更加健全完善。政府主要忙于镇压人民反抗、收税敛财及应对列强层出不穷、贪得无厌的侵略要求，对于经济管理、文化管理、社会管理、对外交往等职能，不能正常有效彻底地行使。清末新政时期度支部统一筹划全国财政，邮传部主持操控邮政、轮船、铁路、电线等事项，农工商部发展商务等，均强化了政府的经济管理职能，于国计民生多有增益；将总理衙门改为外务部，设立陆军部，并继之以海军部，彰明了清政府的对外职能，凸显了国家组织的系统性。成立学部，改进了政府的文化管理职能，发挥了促进教育发展，培养更多人才的作用。民政部维护社会秩序、法部负责司法行政工作。这些新机构的设立填补了晚清国家组织的职能空缺，增强了政府适应近代变局的能力。

三是权力结构趋于规范合理。迨至清末新政前，清之中央机构的结构，依然基本因袭清初规制，军机处统揽一切重要的国家大事，内阁处理一般事务，六部为执行机构，皆以皇帝马首是瞻，体现了绝对君主制的政体。皇帝个人的贤愚勤怠好恶在最大范围、最大程度上影响着军政大事的决策和结果，而皇帝本人又不负决策和结果的绝对责任，往往仅以下诏罪己作为最大的自我惩戒。这样的权力结构是极其不稳定和不安全的，难以真正集思广益，最大限度地汇众智众力来做出最大成就。而到了 1906 年 9 月，清政府下诏预备立宪后，清末新政时期的中央机构改革为实行宪政作准备，中央机构的结构发生了重大变化，体现的是超越现行体制的质的飞跃。不仅从名称到内容均与近代西方政府机构接轨，而且也使机构结构更加规范合理，有利于提高政府行政效率。清末新政时期的中央机构改革，对整个中央机构进行了重新设计，新机构很大程度上是在对旧机构的颠覆中逐渐成立的，从而使晚清的行政体制发生了前所未有的变化。

清末新政时期的中央机构改革，并不是单纯的新机构取代旧机构的“建一二洋式衙门”式的形式主义。随着改革进程的越往前推进，改革内容越趋深化，以新理念新规则建设新机构。因此清末新政时期的中央机构改革的影响亦可谓深远。

第一，推动了民国初年政治体制的建立。1912 年 1 月 1 日，中华民国诞生，南京临时政府成立。南京临时政府的国家组织是借鉴美国的总统制，依据《临时政府组织大纲》，按照行政、立法、司法三权分立的原则建立起来的。行政机构由临时大总统和行政各部组成。临时大总统既是国家元首，又是政府首脑。下设总统府及参谋部等机构，参谋部即清末新政时期的军咨府。行政各部为：教育部、实业部、交通部、陆军部、海军部、外交部、司法部、财政部、内务部，共九部。这九个行政部几乎全盘是在清末新政时期的中央十部的基础上设立的，只是名称上略有一些改动。临时政府设立临时参议院，作为最高立法机关。其职权与清末新政时期设立的资政院职权多有共通之处，如有权议决国家预算、税法、公债发行及临时大总统制定官规官制时须取得“参议院同意”等。《临时约法》颁布后，设立中央审判所，作为最高司法机关。其职权与清末新政时期设立的大理院基本相同。因此，从民国临时政府的组织架构而言，可以说，除皇帝外，清末新政时期的中央机构改革几乎为民国政体准备了所有的东西，对近现代社会带来的影响不容忽视。

第二，促进了中国政治体制的近代化。中央机构是行使国家权力的主体，它体现着国家政体的性质与基本原则。清末新政时期，中央机构改革中一些新机构的成立，则体现了清朝政体向君主立宪制发展的趋势。明确了国务大臣的责任，限制了皇帝专制独裁，确有与一般立宪国家相同之处。资政院、责任内阁、法部的相继成立，体现了立法权、行政权、司法权趋向独立，整个权力运行机制逐渐向三权分立方向发展，一定程度上已兼备资本主义国家君主立宪政体的形神，是中国政治体制近代化的重要一步。清末新政时期的中央机构改革，历经新政政治改革的各个重要节点，过程波折不断，人事变动繁复纷杂，充满各种矛盾和斗争，所裁撤的旧机构和改组合并增设的新机构数目众多，门类齐全，内含诸多对当时中国而言反传统、反常态的实质性变化，适应了资本主义政治发展的趋势，是一场政治体制的近代化改革。

案例评析

清末新政时期的中央机构改革在裁撤、改组、合并旧机构的基础上，增设了许多新机构，这些新机构具有设置初衷多元化、职能更加健全完善和权力结构趋于规范合理的特点，直接推动了民国初年政治体制的建立，也是中国政治体制近代化的重要一步。

（节选并改编自梁慧丽的《论清末新政时期的中央机构改革——以新、旧机构比较作考察》）

第二节　政府经济政策法规的制定与演变

思政元素

2020年7月21日，习近平总书记在企业家座谈会上指出：改革开放以来，我国逐步建立和不断完善社会主义市场经济体制，市场体系不断发展，各类市场主体蓬勃成长。到2019年年底，我国已有市场主体1.23亿户，其中企业 3 858 万户，个体工商户 8 261 万户。这些市场主体是我国经济活动的主要参与者、就业机会的主要提供者、技术进步的主要推动者，在国家发展中发挥着十分重要的作用。

案例内容

晚清重商思想自产生之日起，就带有浓厚的“御辱”和“救亡”色彩。鸦片战争以来，西方殖民主义势力使用军事与经济并行的手段侵略中国，一系列不平等条约的签订导致大量白银外流，“此皆中国之利，有往而无来者也，无怪乎今日民穷财尽，有岌岌不终日之势也矣”。面对如此严重的社会问题，一部分地主阶级精英分子从传统的“重农抑商”思想中解放出来，重新看待“农”与“商”的问题，并提出了大量“重商”学说。这一时期，“商务”“商局”“商战”“商政”等新词的出现，反映出了他们对“救亡”与“重商”的理解。

王韬提出“商富即国富”，以“恃商为国本”的观点，标志着近代中国重商主义思想的产生。他是第一个看到商业在对外关系中带来巨大红利的人，他在《弢园文录外编》中指出：“泰西诸国以通商为国本，商之所至，兵亦至焉。”他鼓励对外贸易，认为“民间贸易转输，远至数万里外，以贱征贵，以贵征赋，取利于异邦，而纳税于本国，国富民强，率由乎此”。旗帜鲜明地指出：“通商之益有三，工匠之娴于艺术者得以自食其力，游手好闲之徒得有所归，商富即国富，一旦有事，可以供输糈饷，此西国所以恃商为国本欤！”此外，其理论也带有一定的“重工主义”色彩，提倡用机器生产，认为“机器一行，制造益广，一切日用所需，不必取之外而自足”。这也为甲午战后“实业救国”运动的发端提供了理论基础。总的来说，王韬的思想对近代中国商业有着开天辟地的影响，他敢于打破传统文化中对“商”的打压，使人们开始注意到西方国家强大的本质和“商业”作为一项重要社会组成对国家政治经济产生的影响。

与王韬相比，郑观应的重商思想显得更为激进，他直接将“商业”作为武器，首先提出“商战”的口号，称“习兵不如习商战”。他以英国举例，指出“英之君臣，又以商务开疆拓土，辟美洲，占印度，据缅甸，通中国，皆商人为之先导”，对于“商战”的重要性，他强调“彼不患我之练兵武，特患我之夺其利权，凡致其力于商务者，有所必争”。对于进行商战的具体方法，他认为应该“兴制造”，即“以通商为大径，以制造为本务”，发展本国的制造业，使之生产出来的产品能在国际市场上与外国产品进行竞争。

薛福成是对资本主义工商业的性质提出关键认识的人，“工体商用”是他重商思想的核心，他在出使西欧后认识到“泰西风俗，以工商立国，大较恃工为体，恃商为用”。“论西人致富之术，非工不足以开商之源，则工又为基，而商为其用。”此外他还提倡重新界定“士农工商”之间的关系，即“商握四民之纲”。他认为：“夫商为中国四民之殿，而西人则恃商为创造国家，开物成务之命脉，迭著神奇之效者，何也？盖有商则士可以行其所学而学益精，农可通其所植而植益盛，工可信其所作而作益勤，是握四民之纲者商也。”自薛福成起，晚清重商主义者的目光开始从流通领域转向生产领域，给重商思想的发展带来新鲜血液。除此之外，还有具有明显“重工主义”倾向的陈炽及具有原教旨重商理论的马建忠、黄遵宪等人，他们思想的立足点都是清末社会的大变革，致力于救亡图存，从打破“农本思想”入手，改变商人的社会地位，同时推广以机器大生产为代表的工业化，使国家变得富强，扭转亡国灭种的命运。

近代以来，西方列强频频以“通商”手段为先导，用“贸易”作为侵略和资源掠夺的重要手段，进而导致了被殖民国家“利权”的丧失。晚清重商思想家则通过“重商”来唤起国民的主权意识觉醒，在这一过程中，“重工”与“重利”成为重商思想的理论核心。宣扬重商就不可避免地考虑到“重利”，宣传重商实际上就是对国民“逐利”行为的一种肯定，与此同时也就肯定了以自给自足为特征的自然经济的落后性，这就对新经济因素的出现提供了理论支撑。同样的，为了更好地“逐利”，就不得不“重工”。“世人皆言外洋以商务立国，此皮毛之论也。不知外洋富民强国之本实在于工”，所以“振兴商务为富强之计，必须讲求工艺，设厂制造，始足以保我利权”。机器大生产是实现增加出口，减少进口，挽回利权的根本保证，只有发展机器大生产，才能从根本上变革以家庭手工业为主的传统生产模式，才能提高劳动生产率，降低劳动成本，达到对内利国利民，对外“分洋利”的功效。因此“论商务之源，以制造为急；而制造之法，以机器为先”。

基于此种观点，晚清的重商思想同传统的重商主张有着本质上的不同，前者所追求的是现代资本主义式的工商业及资本主义社会化大生产，后者所关注的是封建经济中的农副手工业产品的流通。毫无疑问，重工思想与传统的重商主张相比更加先进和系统，它的着眼点不仅在于流通，还更多地关注制造，力图从根本上改变“抑商”“轻商”的现状。由此观之，“中国近代重商思想的实质内涵是实现工业化”。只有从最根本的制造业入手，才能在变更生产方式的同时将落后的农业观一并变革。

在重商语境下“重利”与“重工”蕴含了丰富的发展内涵。“重利”是“重工”的发展目标，“重工”是“重利”的手段和保障：为了“逐利”就需要“重工”，引进机器、使用机器，才能提高生产率，降低成本，同各国商品竞争以获利。“重利”就是要发展西方式的资本主义经营方式，打开市场，同各国进行贸易，“重工”则是鼓励发展资本主义生产方式，发展制造业，采用机器生产来代替传统的手工业，细化分工，提高生产力。为保证“重利”和“重工”，需要政府抛弃以往“重农抑商”的思想，开始“重商”，肯定国民的“逐利”行为，对本国商业进行保护，“这在客观上要求国家与政府角色进行重新定位”，从而实现“上下同心，达到官——商关系的最佳契合”。“商”元素的深入发展，无疑会对政府造成一定冲击，因此转变政府职能也成重商思想家关注的焦点。

在重商语境下，政府不但不能抑商，还要致力于与“商”维持一种微妙的关系。若政府管控过严，则会侵夺商利，造成一定经济损失，市场也因此失去活力；若政府不作为，则商业行为就会不规范，造成欺诈与投机盛行。为此郑观应提出了相应对策，即：“咨取各国商律……颁行天下。……庶几上下交警，官吏不敢剥削，商伙不敢舞弊，举从前积弊一律扫除。”由此使政府不至于束手束脚、无所作为，又可以保护合法打击非法，在法律这个框架下加强了政府对经济的干预。

晚清至民国的一系列救亡图存运动也大多基于上述思想而展开，从早期致力于推广机器生产的洋务运动，到后来的戊戌变法和清末新政，都是重商思想在实践过程中的体现。在这过程中政府逐渐放宽对商业的限制，民国建立后颁布的一系列有助于工商业发展的法律也恰恰证明了重商思想的重要性。

清末民初的社会改良、改革乃至革命，都是在重新探讨“农”“商”的关系和“重商思想”这一大背景下展开的。晚清思想家所探讨的“商”是广义的商，不局限于商业，而是包括“商事”“商局”“商战”“商务”等一切带有“商”元素的事务。振兴商业在方法论上也具有多重维度，“有国者苟欲攘外，亟须自强；欲自强，必先致富；欲致富，必首在振工商；欲振工商，必先讲求学校，速立宪法，尊重道德，改良政治”。即在“重商”的话语体系下去试图对国民经济体系进行重新建构，在这同时又不可避免地倒逼上层建筑改革，进而影响到意识观念的改变。具体来说，对外表现在贸易上的互通有无，对内表现在发展先进生产力、改良生产关系，在思想上体现为开放性的思维，在政治上表现为简政放权、制定法律、兴商、保商。总的来说，应该是“农、矿、工、商、交通五项中，商居其一。然诸家所言重商之范围，则不限于商务一端，实并五者合而言之，是诸家之视商不啻为其他四事之纲领”。

在重商思想的引领下，洋务派、维新派、改良派、革命派都相继对中国社会的转型进行了伟大的探索。官督商办是这一思想的早期形态，“商战”思潮的产生，是对这一思想的系统性扩展，商部的创立和《钦定大清商律·公司律》的颁布，是这一思想的胜利实践，中华民国的建立则将重商推向了一个全新的高潮。在重商思想发扬壮大的同时，重商论者始终没有迷失自我，在他们看来，“重商”并不代表“轻农”，如郑观应所说“以农为经，以商为纬”。在重商论者看来，农业与工业是可以达到协调发展的，发展机器工业，可以提升劳动生产率，大大降低生产成本；发展农业也会连续不断地为工业提供大量的原材料和劳动力。面对本国的传统文化，重商思想家们认为仍有改造和利用的价值。他们虽然肯定求利的重要性，但从未忽视求利的正当性，将利和义结合起来，反对人们不择手段地求利。如陈炽所谓：“惟有利而后能知义，亦惟有义而后可以获利。”除此之外，重商论者对于政府与市场的关系这一对经济学中的基本矛盾的研究也是十分可贵的。

他们所认为的“政府和市场要在全新的制度安排下都受到合理的约束”，其中就包含了中国经济社会转型中如何处理好政府与市场的关系这一核心问题。当然，他们也结合了当时中国远落后于西方的国情，认为政府应该采取积极的干涉，实施“保商”政策，即“任之以领事，卫之以兵轮”。

案例评析

第二次鸦片战争以后的洋务运动代表着工业化开始成为中国经济发展的主题。从这一时期开始，以农为本、重农抑商的思想根基开始动摇，转而出现的是国家机关对商业的关注和精英阶层对西方商业意识形态的学习和接受。甲午战后随着清政府放宽对民间设厂的限制，重商思想完全取代重农思想，成为社会发展的主流思想。

（节选并改编自张翕喆的《清季重商思想新论》）

第三节　财政金融政策与制度的变化

思政元素

2019 年 2 月 22 日，习近平总书记在主持中共中央政治局第十三次集体学习时强调:“要深化对国际国内金融形势的认识，正确把握金融本质，深化金融供给侧结构性改革，平衡好稳增长和防风险的关系，精准有效处置重点领域风险，深化金融改革开放，增强金融服务实体经济能力，坚决打好防范化解包括金融风险在内的重大风险攻坚战，推动我国金融业健康发展。”

案例内容

1933 年 3 月 1 日，南京国民政府颁布《上海先行实施废两改元令》，废两改元这项中国近代重大的货币制度改革开始付诸实施。“上海自 1933 年 4 月 7 日至 6 月 30 日共兑进规元银 2 794 万两。至 11 月，天津兑进行化银 697 万两，汉口兑进洋例银 632 万两。”“新银元在流通中站住脚跟，0. 715 的折合率被认为是公平的，而为人们所普遍接受。到 1933 年年底，全国金融市场呈现相对稳定局面，废两改元遂告成功。”至此，始于明朝中叶以法定货币流通近 400 年的银两制度退出中国货币史舞台。废两改元对当时的主要利益集团的切身利益均有直接的、重要的影响。

废两改元的成功与南京国民政府的推动及中国近代银行业的发展直接相关。此外，货币环境的变化及国际经济形势变化等若干方面也形成了进行这次改革的有利因素。这些因素都对废两改元的成功起到了积极的作用，都是推动废两改元得以成功的动力。

1. 南京国民政府对废两改元的积极推行

1910 年清政府颁布《币制则例》，规定银元为主币。从制度供给的主体来看，清政府此时已计划树立银元在货币流通中的主导地位而弱化和取代银两的货币地位，然而日薄西山的晚清政府无力将此愿景实现。在北洋政府时期，1914 年 2 月颁布《国币条例》，该条例中规定实行以银元为主币的银本位。此外，“早在 1921 年全国银行公会联合会第二届会议在天津举行时，为了废除银两制，划一币制，天津银行公会就倡议由全国银行公会陈请北京政府财政部、币制局筹备施行废两改元，以达到革除财政弊端、调剂金融的目的。经议决提出了《陈请政府废两改圆意见》呈请政府施行。”然而在政治黑暗腐朽，军阀割据一方的北洋政府时期，废两改元这项重大的制度供给的主体也是缺位的。1927 年，南京政府成立后为废两改元做了许多切实有效的工作，是废两改元这项币制改革得以成功的至关重要的推动力，具体有如下几个方面。

其一，成立中央银行。经过三次筹备，南京政府于 1928 年 11 月 1 日在上海外滩 15 号成立中央银行。此中央银行与之前的广州和武汉的中央银行“没有资本上的统属，不发生连带关系”。“成立中央银行的目的有三个，即一为统一全国之币制，二为统一全国之金库，三为调剂国内之金融。”废两改元之时，中国的货币体系如马寅初在向南京政府财政部提出《统一货币应先实行废两改元案》中所述：“窃维我国货币之紊乱，至今日已达极点，内为商民所诟病，外为列邦所耻笑。”诚然，此时中国流通的货币有规制各异的银两有十余种银元（本洋、鹰洋、袁头币等），还有铜币和各种纸币、私票及地方性货币。难怪美国财政专家凯末尔认为这时期“中国的币制是任何一个重要国家里所仅见的最坏制度”。废两改元是废除银两制度的改革，更是以新式银元统一币制的改革，而这离不开中央银行发挥其货币发行银行的职能。因此，南京政府成立后建立的中央银行为废两改元的实施打下了基础。

其二，改组筹建中央造币厂。“中央造币厂原为上海造币厂，1920 年由上海金融界提议，经北京政府同意筹设，但因经费不足等原因，一直处于停滞状态。南京国民政府建立后，为统一币制，积极恢复重建上海造币厂，并改名为中央造币厂。”“所有各省造币厂渐次通饬停铸，以期统一币政。”中央造币厂为唯一拥有铸造权的银币铸造机构。南京政府在成立后建立的中央银行和中央造币厂这两大机构的协调合作为废两改元的实施，为新式银元的发行和流通起到了十分重要的基础作用。

其三，南京政府推行废两改元的举措得当。首先，南京政府财政部作为废两改元的直接领导和策划机构，认识到了建立中央银行和造币厂的必要性，并积极付诸行动。其次，1928 年 4 月，国民党浙江省政府由马寅初向财政部提出《统一货币应先实行废两改元案》。适值全国经济会议召开，经议决通过。会议计划“先定筹备时期为一年，积极筹备，并决定实施时期为民国十八年七月一日以明令公布”。可见，南京政府成立后立即对币制统一，即废两改元问题高度重视并着手落实。再次，南京政府具体实施办法的制定合理。“1933 年 3 月 10 日，国民党政府财政部发布《废两改元令》，决定‘为准备废两，从上海实施，特规定上海市面，通用银两与银本位币1元，或旧有1元银币之合原定重量成色者，以规元7钱1分5厘合银币1元为一定之换算率，并自本年3月10日起施行’。”这个银两银元兑换比价既为南京政府财政部所接受，又没有发生劣币驱逐良币的现象。1933年12月，南京政府中央银行两次致函银钱业公会及洋商银行公会财政部，亦训令上海银钱两业，“限于一个月内，将所有存库宝银，缴纳中央银行，依照规定换算率，兑取银元”，并明确规定“期满以后，不得再用宝银作准备金之用”。在这些举措的推动下，上海银元银两兑换管理委员会大量兑进银两，而银币得以大量发行流通并站稳脚跟。最后，中央造币厂适时于1933年8月24日和1933年11月开铸甲种厂条和乙种厂条，缓解了中央造币厂的压力，解决了银币供应问题，保证了货币流通中供求的均衡。

2. 华资银行是废两改元推行的中坚力量

华资银行肇始于19世纪末，经过北洋时期的快速发展至南京政府时期已与外资银行、钱庄共同呈三足鼎立之势。“新式银行利益集团迫切希望通过废两改元货币制度改革，废除银两货币制度，结束‘两元并用’货币体系，打破长期以来在业务上受制于钱庄行业的局面”。华资银行为近代公司制的商业银行，能够不受地域的限制，面向全社会各个阶层开展金融服务。废两改元能够使其摆脱洋厘行市及资金清算汇划制度的羁绊。此外，中国近代银行业一个突出特点是公债的经营投机，这就使得银行业与南京政府之间在废两改元这个问题上具有了利益的一致性。事实上，在1932年7月成立的废两改元研究委员会和1933年3月7日财政部委托中央、中国、交通三银行成立的上海银元银两兑换管理委员会中，华资银行业都是其中的中坚力量，是废两改元基层的实施者和操作者。

3. 国际国内政治环境变化为废两改元创造了有利的条件

从国际国内政治环境的变化来看，九一八事变之后，“1929年世界经济大萧条、1931年长江水灾及九一八事变等消极因素的影响，使中国内地经济遭受沉重打击，造成大量银元流入上海等大城市”。此外，1931年9月英国首先放弃金本位，随后欧洲国家纷纷效仿，这成为中国白银处于净流入的重要推动因素。如此种种导致国内银元充沛，“银元存底从1923年的3 560万元逐年增加，1932年6月底达23 913万元，开空前未有纪录，大大缓解银元不敷周转的困难”。而银两存底并无大的变化，于是洋厘行市出现暴跌，“1928至1931年间，每100枚银元平均值银73两，1932年4月降为值银 69 两 9 钱 6 分”。由此可见，至 1932 年年底，从国内的货币金融环境来看，此时是废两改元前所未有的绝佳时机。

4. 学界和业界有识之士的舆论宣传对废两改元起到了积极的推动作用

1932 年 7 月，宋子文召集上海银钱业代表会谈，向业界释放出南京政府废两改元的决心。自此，三大利益集团围绕废两改元这个问题展开了激烈的论战。浙江兴业银行监察人、著名会计学家徐永祚，以及颇有影响力的潘恒勤、马寅初、章乃器等一大批学者企业家为部委献计献策谋划方案，在《申报》《银行周报》等流行报刊上发表见地深刻的论述，唤起国人的意识，有力增强了废两改元的舆论影响力。

但废两改元过程中也存在着各种阻力。自 1910 年《币制则例》颁布到 1933 年 3 月废两改元银元成为全国统一的货币，经过 23 年，这项制度才最终实现。由此可见，废两改元在前进的过程中经受了各种强大的阻力。废两改元的过程亦是在，不断克服战胜这些阻力的过程。

第一，钱庄利益集团对废两改元的抵制和延宕。毋庸置疑，废两改元前掌控“洋厘”与“银拆”行市和资金清算汇划制度的“钱庄利益集团作为‘两元并用’货币体系的既得利益者，反对政府提出的货币制度改革，并且通过自身在金融货币领域中的影响力对政府施加压力”。白银的外流和洋厘行市的剧烈波动使钱业的银两制货币基础日趋动摇，钱业对废两改元的态度不得不发生转变。

第二，外资银行对废两改元由反对到默许。首先，中国是用银大国而非产银大国。随着货币需求量的增加每年必须大量进口白银，而外资银行掌控着中国生银大条的进口市场。其次，作为两大利益集团的外资银行与钱业之间并没有出现激烈的竞争，反而在经营上有着很强的互补性。

第三，复杂尖锐的国内国际政治矛盾使南京政府难以集中精力于废两改元。晚清及北洋政府均有以银元取代银两从而统一币制的想法，然而制度供给主体功能的缺失使废两改元未能实现。南京国民政府成立后即着手这项改革，但也经历了很长的停滞，复杂尖锐的国内国际政治矛盾是导致这项改革经历较长的时间才得以付诸实施的重要原因之一。南京国民政府在这次改革中起到了至关重要的作用。南京国民政府作为强制性制度变迁的主体，结合时代的变化和呼声，妥善协调好与该项制度变迁相关的利益主体的关系，积极作为，为该项制度的落地生根提供了可靠保障。

案例评析

废两改元的实施，是中国币制现代化过程中的一个重要步骤。实施废两改元，既使货币计算单位由繁变简，又使不同的银元归于统一，由中央造币厂开铸的国币代替，确实对促进社会商品经济的发展有着重大作用。这也是商品经济日益发展的客观规律使然。

（节选并改编自郝宏展的《废两改元的动力与阻力考论》）

第八章　近代中国农业经济的发展

第一节　农业生产的发展

思政元素

2020 年 12 月 28 日和 29 日，习近平总书记在中央农村工作会议上指出：历史和现实都告诉我们，农为邦本，本固邦宁。我们要坚持用大历史观来看待农业、农村、农民问题，只有深刻理解了“三农”问题，才能更好理解我们这个党、这个国家、这个民族。

案例内容

晚清的农业改良是鸦片战争以来重农思潮的反映。中外通商以来，中国传统农业思想受到极大冲击，农业发展受到严峻挑战，于是晚清围绕农业改革实施了一系列的措施。

晚清的农业改良首先要归功于设立于直省的商务局，振兴农桑是各省商务局的首要责任。关于农桑的重要性，正如包世臣所说：“治平之枢在郡县，而郡县之治首农桑。”虽然传统社会始终以农业为本，但是世纪之交，情况则迥异于前，“今之言农，则兼采西法”。朝野一致的共识，意味着不能循着旧的轨迹来发展农业，必须采用新的方法以促进农业的现代化，该项职责被归于各省所设之商务局。事实上，在商务局设立之前，部分省份已经有了主管农桑事务的机构，他们大都为藩司所设。此外，另有部分省份由各督抚另设农务局、蚕桑局负责农桑各项。但是，与农务、蚕桑等局不同，农工商务局更侧重于以新技术、新方法的推进，来实现农业的改良。

光绪二十三年十二月初八日，清廷准徐树铭所奏，饬各省举行蚕政，正式将举办蚕桑作为一项政令向下推进。在此之前，浙江、湖北、直隶等省均已办有成效。直隶蚕桑局设于光绪十八年，由时任总督王文韶派藩臬两司筹办，从开办迄今，“前后发出桑二千二百四十一万五千株，成活八九成六七成不等”。湖广总督张之洞对于兴办蚕桑极为重视，光绪十六年饬司员筹款在省城抚署东乘骑庙街开办蚕桑局，详定章程二十六条，“先派员赴浙江采购桑株，分发给各属栽植，复招募苏浙工匠，制备应用器具，来鄂教授本学徒剪接桑枝、饲蚕摘茧缫丝诸法，士民如法领植，不许取民一钱，舆情均甚乐从”。

经过努力，湖北蚕桑颇具成效，自蚕桑局开办以来，“已发各桑苗一千数百万株，成活分数有十之六七者，十之八九者，亦有全数成活者”。光绪二十四年，张之洞奏调总办商务局、江苏候补道程雨亭观察来鄂，以“观察籍隶浙江，熟悉蚕桑事宜”，特委令兼办蚕桑总局。商务局接办后，扩充规模，“新募工匠学徒，仿制洋烛等物，以备农桑蚕织之不足”。广东“责令多种茶桑，稍获微利”。后经学务处调查的结果，“蚕业以南海、顺德两县为最”，又因“蚕桑一项尤为中国商业大宗”，由商局派委人员前往南、顺所属各丝厂考察情形，以资研究。安徽皖南各州县为兴蚕桑之利，饬将桑园改归商务局办理，“大令特自浙江雇募蚕妇数名，前来籍资提倡兼议将售出新丝，以补官款之不足”。

在商务局承办桑园后，佳绩频频。首先，意大利人甘斯廉对芜湖商务局筹办之蚕业赞不绝口，其谓“中国之蚕远胜英法美诸国，果能于宜蚕之地大为讲求，则欧美诸洲万不能逮，由是观之中国蚕桑之利，实为五大洲冠，芜湖商局试办未久，已有成效可观而为西人所嘉许，诚能推广办理，其利巨可限量”。其次，因芜湖商务局讲求蚕桑之法得宜，西人都加以称赞，故各省大吏将芜湖商务局视为学习的榜样，通饬各府州县仿照芜湖商局成法进行推广。最后，对周边地区蚕业的发展起了带动作用。芜湖商务局刘大令筹备蚕桑局，桑株育蚕数棵小试，由关道发给护照，交江孚船运至上海各县属试练，并预备兴办蚕务学堂以开风气。江西农工商务局成立之前，江西藩司即在省垣设有蚕桑局，定有劝办蚕桑章程，并延聘蚕师教授蚕桑之学。迨农工商务总局成立后，省垣蚕桑总局因“开办有年，未著成效”，由赣南道江观察改为武备学堂，其原有织机缫丝染彩养蚕种桑各器具及桑树桑园各产，均改由农工商务局经理。

实际上，在商务局之前，大部分省份均设有蚕桑局，并已有成效，如湖北、浙江、江西等省自蚕桑局开办以来，成绩斐然。商务局设立后，出于统合商政的需要，大多数省份的蚕桑局或并或撤，使蚕桑一事统归于商务局。

值得注意的是，蚕桑局初设时，被归于藩司职权范围内，但因其被裁并的命运，此项事务亦从藩司属内剥离出来。而各省商务局因地制宜，职能各有侧重。“欲兴实业，首重农功，而讲求农政又必自垦荒入手”，故垦荒、种植等兴利之事亦振兴农业之一途。为了推广农林之利，江西农工商矿局于光绪二十九年，在省城设立农事试验场，将试验之新理法均载于该场农事报告书，札发各属仿办；后又于该场附设农事研究总会，并由会员分别创设支会，以期于“生利致富之道不无裨益”。鉴于清末商会的广泛设立，农事研究总会亦于光绪三十四年正式定名为“农务总会”。制定开办简章，开办及常年经费仍由农工商矿局之农事试验场拨给，并咨农工商部立案，由部颁给关防。

江西农工商务局对于农业的发展极具示范性，四川农政总局来函称：“贵省经营缔造风气早开，农利既已大兴，教育胥徵普及。”因此，恳请江西农工商务局“能将局内章程、学堂规则、试验场分区布种各法绘具图式，邮寄至川省，以资取法”。由于江西的地理位置“赣水中流，四山环列，形势气候皆类湖南而饶沃过之”，故江西农工商务局视发展农务为第一要义。正如前文所述，江西农工商局不仅制定了完备的机构、拟定了详细的章程，在用人方面，亦是小心咨求，耐心造访。在人事安排上，“所虑官场或不能尽达民情，而益以绅也”，农工商务局以新授甘肃庆阳府华绅为会办，延请前吏部主事陈三立为农工商矿局总办，另设农务公所于宝昌局，为通省绅民会商农务之地，开启了官督绅劝士倡农学的新模式。1903 年，商部成立，继而推动了各省农业的振兴。广东当时的前后两任巡抚谭钟麟、德寿均是颇为重视农业的大吏，因此，在清廷上述振兴农业的上谕发布不久，就在广东饬农工商局遵照执行。其将荒地坐落土名，绘图贴说呈阅，札饬地方官勘明“如无干碍，即加以试办以讲求灌溉之方、栽种之实；果能丰收使荒地变为膏腴，则明效立见，信从必众”。与此同时，召回南洋流寓商人设立公司，广兴树艺，“为务本兴利要图”，并详拟章程禀候开办即可。在具体执行垦荒政策中，农工商务局则认真督办，以免发生纷扰。

由于开垦荒地关涉利益之争，故在实际中，纷扰不断，不独广东如此，其他省份亦有类似情况发生。浙江绍兴沿江沥滩开垦后，乡民争相占夺，因此，由巡抚翁筱山谕令农工商务局议定新章，“不但已熟沙田概须升科，未熟者亦分别招农承领，以清界限而免纷争”。沿江沿海一带率先做出各种举措以改良农业，在此种风气的影响下，内地省份亦厉兵秣马，各自筹划。山东农工商务局奉旨札饬各州县劝种树株，以广利源。为了更好地调动商民的积极性，山东农工商局饬立农会，延聘日本机师谷井恭吉为教员，以南关星宿庙为农会公所。商务局支持农业发展的方式除了劝导主持外，还有一种方式，即在经费上或直接拨给或由商局倡导集资。山西创设垦务公司，正是商务局提供了经费。而广东则是由商务局号召商民，集资创办公司。因而商务局总办左小竹拟创办东兴农牧公司，招商开垦。

概括而言，晚清因应时势变迁，采用新方法、新技术改良传统农业，可谓使农业在数千年以来的历史上发生了质的变化。而使农业发生质变的载体是各省所设之商务局，如前述江西、广东、浙江及山东、山西等省。但是，晚清承担发展农业的机构并非仅为商务局，各省亦设有农务、垦务等局。湖南时任巡抚俞廉三重视农业，饬筹款开办农务局，并开设行栈，以“讲求种植、开濬利源”。1903 年，直隶总督袁世凯因兵燹过后，民生凋敝，特在保定创立农务局。并于城西设农事试验场，饬道员黄璟、李兆兰同洋教习一起，“考察东西新法，购办农器，并就试验场附设农务学堂”。此外，省城“西郊有桑秧二百万株，小站营田有稻田四百数十顷，亦并归农务局经理”。不管是商务局抑或是农务局，对农业的改良，包含的内容多，涉及的范围广，除了垦荒、种植、育桑养蚕外，还有对茶叶、棉花等农作物的推陈出新。同其他新政措施相比，清末的农业改良由于政府的倡导，各级官员的重视，加上民间社会的共同努力，取得了显著的效果。清末，这些局所创建了一系列农政机构、创办了农学体系，这些举措都有利于传统农业向近代化的过渡。

案例评析

传统社会以农立国，维持着国家机器的正常运转。但是，中外通商的近代变局改变了中国传统的政治、经济格局，使传统农业面临着巨大的危机和挑战。为了因应变局，晚清朝野上下推出了一系列的举措，对传统农业进行改良，并在西方的影响下，开始了近代农学的传播。

（节选并改编自李毅钊、曲霞和刘彦琴的《试论晚清农业的改良与农学的传播》）

第二节　地权分配与经营方式的变化

思政元素

2020年12月28日和29日，习近平总书记在中央农村工作会议上指出：要加快发展乡村产业，顺应产业发展规律，立足当地特色资源，推动乡村产业发展壮大，优化产业布局，完善利益联结机制，让农民更多分享产业增值收益。

案例内容

孙中山在很多场合解释过“平均地权”的内涵，他却没有对这个概念本身做出定义，他对“地权”概念的解释亦很少，而使用最高频率的概念性词语是“地价”。他在《在南京同盟会会员饯别会的演说》中说：“求平均之法，有主张土地国有的。但由国家收买全国土地，恐无此等力量，最善者莫如完地价税一法……必须有第二条件，国家在地契之中，应批明国家当需地时，随时可照地契之价收买，方能无弊。”他于《在山西同盟会欢迎会的演说》中说：“平均之法，人多误会为计口授田，若古井田之法，则大不然……今平均地权有一最善、最简之法即按价收税而已……价重者税亦重，所负担并不加重，而价轻者税亦轻，得享平均之利益，至公平也。”他于《在广州报界欢迎会的演说》中又说：“我国则察看情形，然后定税地标准，因地价现在不平均故也。今于无可平均之中，筹一自然平均之法：一即照价纳税，二即土地国有。二者相为因果，双方并进，不患其不能平均矣。”“平均地权”理论内容紧紧围绕着“地价”和“土地价值收益”进行说明，它的具体内容可以概括为，国家征收土地时，由地主自行报价，国家照价赎买，增值的土地地价归国家所有；在属于地主的、国家尚未征收的土地实行按价纳税，即“核定地价”“照价纳税”和“涨价归公”，通过缴税和获取土地增值差价，国家可以把地价这一虚拟估值转化成实际地利（土地收益）。

“地价税”是孙中山“平均地权”理论的核心，它既包含了国家和土地主之间的利税关系，“业主既冀国家之收用其土地，其呈报价格高，而国家之土地收入税，亦因之而增长，此两方面不同，而能相需为用”。孙中山也考虑到了土地主之间的纳税平衡，“价重者税亦重，所负担并不加重，而价轻者税亦轻，得享平均之利益，至公平也”。采取这样的办法能有效达成两项“地利”上的“平均”：国家买进土地时价格不会过高或过低，国家和地主之间的利益博弈上实现了平衡（平均）；在国家未赎买的土地上，土地多者、地质优良者收入多纳税多，土地少者、地质贫瘠者收入少纳税少，一定程度上缩小贫富差距，实现收入相对意义的“平均”。前一项“平均”保证了国家在赎买时价格不会被抬得过高，土地增值后的红利由国家获得；后一项成为国家在未征收土地时获得不低的税收的保障。二者确保了国家的土地收益，并且兼顾着人民之间的财富平衡。

“地利”存在优先于“平均”。从“三民主义”的设计侧重方向来说，“民族”主义指向爱国、救国的国民观念共识，“民权”提供现代国家赋予国民的权利保障，“民生”要解决“人民生计”的经济问题。如何从土地中获利，这一思考办法符合“民生”的出发点和诉求。孙中山说，“外国患不均，中国患贫”，“平均地权”出台就是要解决“贫”的问题，“如果在中国来提倡发财，人民一定是很欢迎的。我们的三民主义，便是很像发财主义”。解决“国贫”“民贫”的问题是第一位的，是现实问题；“平均”要放在第二位，是为了预防以后可能出现的“不均”（产生大资本主义），这也就是孙中山所说的，“民生主义主张‘平均地权’，亦是杜渐防微的意思”。“平均地权”理论基本契合了孙中山对国情的观察，但仍存在不容忽视的缺陷。其一，“地利平均”前提要“有利”，“平均地权”理论建立在土地一直增值的理想条件下，但实际上土地存在贬值的风险。土地一旦贬值，地价早已固定，没有赎买的土地税赋仍按照未贬值前的固定地价缴纳，纳税额无形中增加了，土地持有者财产将受损失，只有国家利益不损反增。其二，同样作为土地持有者，地主拥有的财产基数大，自耕农的财产基数小，抵御风险的能力有高低之分，“平均地权”理论中却没有设计保护一般农民（自耕农）利益的条款，无形之中，农民的损失可能更大。其三，鉴于孙中山对地主土地有保护性质的承诺，私人土地的地租在一定时期内仍归地主所有的可能更大。尽管初衷是全民均享地利成果，这些不足却会导致实行过程中能确保的只有国家的绝对收益和地主的相对收益，自耕农和佃农的利益将难以得到充分保障。因此，真正能够实现保障的是“地利”收益，“平均”只能在有限程度内实现。

该理论是在有限土地国有制下，优先确保国家土地利益，争取人民之间地利平均的土地主张。土地国有制的设定为地利收益的“平均”获得提供了制度上的保障：国家对土地具有所有权，保障了征收土地税的合法性，使增长的“地价”能够归公，国有土地的使用权保障了人民可以享有产业收益和耕地收益，基础设施建设为大众生活带来便利。“平均地权”的实际落脚点是在“利”而不在“权”上——承认并保护土地私有使“地权”无法全部收归国有，从根本上无法实现人人土地权利均享的“平均”。

这是一次没有彻底均权的妥协式改革。它的不彻底性在于：第一，仅靠经济调节（地价税）单一手段无法从根本上摧毁地主土地所有制，地主拥有私人土地所有权客观存在。第二，根据孙中山地价税值百抽一的设定，征税举措只会收缴地主部分地租量，无法完全剥夺地主地租所有权，“如地价一百元时完一元之税者，至一千万元则当完一十万元。此在富人视之仍不为重”。孙中山自己也有“价重者税亦重，所负担并不加重”的说法。第三，能够实现摧毁地主土地所有制的是国有土地所有权部分，从允许私有纳税的角度讲，在未赎买之前，国家要对私有土地所有权予以保护。虽然不彻底，其仍需肯定的是，“平均地权”理论上实现了一定程度上私权向公权的让步和过渡。

中国传统社会一直存续着“普天之下莫非王土”的天下观，皇帝和他的家族是国家最大的土地私有者，农民起义式的革命不过是重复着这一模式。到了近代，洪秀全提出了“天下田天下人同耕”，不分男女，统一授田，这是农民对土地的渴望与中国传统的大同思想相结合的土地政策，从可行性来说，它比孙中山“平均地权”更好实现，“平均”概念也贯彻得更为彻底。可是天下人都成为小土地所有者，小农生产方式还是没有得到改变。孙中山实行国有土地资源的二次分配，平均并不彻底，土地公权实现也不充分，但是他的主张确实限制私有土地制的发展，通过赎买朝着真正意义的“公有”迈进了一步。他的主张能够实现国家对土地的集中化管理，进而为中国实现现代化打下基础。中国想要从一个传统的农耕国家转型成为现代国家，必须要把大量农民从被绑牢的土地上解放出来，这是实现大规模机械化种植和现代工业发展的首要前提。将土地集中掌控在国家手中，要比土地被大规模垄断在私人资本手中的发展模式好得多。除了对农民有利外，土地国有化更有利于开发、调配和整合土地资源，有利于现代化农工业发展、现代城市建设和现代交通运输业的开拓。因此，孙中山的地权理论比洪秀全的理论更具有现代化国家建设的进步意义。

案例评析

土地是中国现代化进程中的头等大事，考察各个时期的土地主张是认识近代中国各时期政权属性和立场的重要指征。对土地权利的探讨，则是研究土地问题的核心。

（节选并改编自韩诗琳的《孙中山“平均地权”理论再思考》）

第三节　农业生产结构和农产品商品化

思政元素

2019 年“两会”期间，习近平总书记强调，“确保重要农产品特别是粮食供给，是实施乡村振兴战略的首要任务”，“稳步提升粮食产能，在确保国家粮食安全方面有新担当新作为”。

案例内容

民以衣食为天，棉花在人们的生产生活中扮演着重要角色。清代浙江棉花主要产于绍兴府濒临杭州湾的“海滨沙地”和“塘南民田”。通过层层修筑海塘，围垦荒地，钱塘江长期淤积形成的滩地成为培植棉花的理想场所，“在它们尚未足够肥沃可以栽稻子之前，农民们便先利用这些土地种植棉花”。这一棉产地以余姚和山阴安昌镇为中心，前者包括余姚江沿岸至海塘长约 50 英里（1 英里≈1. 609 千米）宽约 30 英里的地域，后者所辖则包括了山阴、萧山、上虞等县的沿海地带，两地丰收之年最多能各产 15 万包，在清后期有着广阔的国内外市场。

宁波的开埠为浙江棉花的出口提供了便利，可分为轮船和民船运输两部分。海关贸易报告详细记载了前一部分，对后者也有所提及。海关统计显示，浙江棉花的出口经历了和上述全国棉花出口大致相同的过程，分别在 19 世纪 60 年代和 90 年代以后形成两个出口高潮。前一时期因美国南北战争爆发，国际棉价暴涨，“进口棉花价格犹如脱线之风筝，扶摇直上，那 1860 年每包棉花以银元九元骤涨至二十八元。顿使中国国内之棉农喜出望外，纷纷弃粮而从棉矣”。1863 年，宁波棉花出口达到创纪录的 125 155 担，

1864 年为 103 201 担，而后又迅速回落至 3 万~6 万担，整个六十年代平均为 5 万多担。此后二十年，由于自然灾害频发、金融市场动荡和中法战争的爆发，出口数额一路走跌，至 20 世纪 80 年代平均每年只出口不到 1 万担。

进入 20 世纪 90 年代以后，出口又急剧增长，在 20 世纪的最初十年，每年平均出口达 14 万担以上，这一数量此后没有再发生大的变化，一直持续到 20 世纪 30 年代。与出口数量的持续增长相伴，其价格也是一路看涨。1902 年“本年出口棉花有十三万担之多，……目下宁波、余姚两处犹存三四万担棉花，市价每包 30. 8 元，较二十七年棉花市价升一成之数，溯十年以前之棉花，每包只售 17 元，以今较昔，棉花之价倍涨，是以生涯日盛，业此者莫不获利倍蓰，各货价亦继涨增高”。1892—1911 年，棉花价格上涨了一倍还多，并持续至民国时期。从运销的流向来看，都是运往沿海和沿江各口岸，之后或复出口至国外，或为当地消费。如 1866 年，“本年还有不少棉花运往洪灾区汉口一带。另外，今年日本也需此类出口物资，平时则以经香港运往广州为主”。1870 年的情况是：“总计出口数为 38 501. 15 担，计运上海 16 187. 9 担，香港 8 226. 8 担，汉口 3 971. 2 担，九江 378 担，厦门 6 316. 4 担，台南 1 210. 85 担，日本 2 220 担”，当年上海附近棉花丰收，替代了宁波对汉口原本非常大量的出口。以上仅是由轮运出口的记载，当时经由宁波出口的棉花中有很大一部分是由民船运往福建等地，尤其在开埠初期，更是浙江棉花出口的主要目的地。1866 年，“棉花大量出口的目的地都是通过民船运往福州、泉州两地，那也是最大的消费之地”。1874 年除轮运外，“估计另外由民船运往温州、福州、泉州等福建沿海口岸之棉花不下于 45 000 担”。1878 年，轮船运载 14 000 担，而民船运载 7 万担。1880 年“棉花收成特好……七成以上是通过民船运往沿海各地，所以由轮船外运的棉花就相当少了”。1887 年“棉花丰收，计达 8 万包，约 96 000 担……经过本关之棉花数量级少，绝大多数系由民船载运至华南各口岸，特别是福建省沿海一些口岸”。

1890 年，“估计可收 16 万担，即比去年翻一番，绝大多数都是由民船载运福州以及华南各口岸”，其中有许多是在福州织成粗土布后运往台湾。即使在收成不好的年份，如 1877 年，产量只有往年六七成，浙棉也可以与进口的华南食糖做易货贸易。因此在海关出口记载持续低迷的 20 世纪七八十年代，由民船运输的浙棉则保持着很大的数量，虽然也有所下降，“但是可以想象，由民船装运的出口商品量不会像以往由轮船装运时降得那么低”。当时华南沿海是浙棉的主要销售地，它不会因国际市场的骤然萎缩而消失。再从这一时期的出口价格看，虽然美国内战结束后国际棉价回落导致浙棉出口价格下降21%，但19世纪七八十年代，相对于同期生丝和茶叶的价格跌幅，浙棉价格的下降幅度很小，说明这一时期浙棉依赖的国内市场容量较大且稳定，它比生丝和茶叶更能抵御国际市场的波动。20世纪90年代以后出口的迅猛增长则主要归因于日本的大量需求，民船所覆盖的国内市场则相形见绌。1892年又是浙棉的丰收年，从宁波共运出49 811担，“主要是运华南沿海口岸，有一大部分复出口从上海运销日本”。

次年宁波共向上海运去99 000担棉花，“其中16 000担运往的中国口岸主要是厦门；另外83 000担绝大部分乃是复出口去日本”。而民船运量只有50 000担。1895年，“年内宁波附近地区棉花收获乃属丰年，……日本需求极大，相当大一部分待运棉花歉收地汉口，供当地之棉纺厂，约有三分之一留库存。往年大批由民船载去福州织成土粗布销台湾，但此已成明日黄花矣，该岛已割让日本矣”。但实际上福建对浙棉的吸纳并未衰落，只是增长速度不快，“在过去年代，棉花出口每年平均仅有12 000担，而现在平均达到八万担，而且这也并没有损害民船的贸易”。

因此日本的需求节节上升则是出口猛增的主因，在丰收的1900年，“绝大部分又是运销日本和一些国内之口岸，共计115 984担，比前几年之出口数确实是大多了”。关于日本对原棉的迫切要求和价格的猛涨在清末最后十年的海关报告中频繁出现，到了1911年，“本处所出棉花有八成装上海转运日本”。除此之外，国内纱厂的需求增加也是促使浙棉价格上涨的重要因素，1896年，仅宁波棉纺厂就吸纳了15 000担棉花。至1900年，本地消费已有约5万担。销于外地者，如“杭州鼎新、萧山通惠、宁波和丰及沪汉各纱厂，上年棉业进款至一千七百余万之巨”。

由上可知，近代浙江的棉花的销售市场包括了沿海与沿江，国内与国外的广阔领域，至清末，呈现出急剧扩张的态势，每年都在10万担以上。浙江棉花的商品化程度在不断提升，推动了自给自足的小农经济的解体。

案例评析

江南较之华北农产品，其商品化程度更高，华北的农产专门区域出现较晚，而且集中程度不如江南，农副产品加工业发展和市镇经济发达程度都略逊于江南。

（节选并改编自侯鹏的《晚清浙江棉花市场与厘金征收》）

第九章　近代中国工业的发展

第一节　手工业的发展

思政元素

习近平总书记强调，“我们要结合新的时代条件传承和弘扬中华优秀传统文化”，“‘以古人之规矩，开自己之生面’，实现中华文化的创造性转化和创新性发展”。这对中华传统手工艺的生产性保护和振兴提出了要求、指明了方向。具体而言，传统手工艺要弘扬其与时代相适应的内在价值，激发当代活力，并按照时代新发展不断补充、拓展、完善其劳动产品，满足人民日益增长的美好生活需要。要实现这个目标，重点在于深化对传统手工艺价值的认识，遵循客观规律，破除陈旧观念，坚持手工生产方式，充分发挥手工生产力的创造性。

案例内容

手工艺是一种为了满足人们生存和生活的物质、精神需要而进行的对自然物态资源作系统性、规范性的开发和利用的手段。中国在几千年的发展历程中，先民们从对自然造化之物的利用入手，逐渐衍生到了对竹、木、柳、藤、草、棉、革、漆、土、玉、石、陶、瓷、金、银、铜、铁、锡等自然富裕的原料进行创造性的演化，形成了与这些自然材质相适应的雕、镂、刻、削、染、编、结、绞、缝、绘、裸、铸、琢、磨等丰富的工艺形式。中国有着悠久的手工文化史，在漫长的岁月中形成了丰富多彩、风格各异的工艺样式。从打磨石器带来的新旧石器时代的分界开始，手工便成为一种与人类文明的发展相伴随的劳作手段。如今，在博物馆中所见的各类砍砸器、刮削器、尖状器，成为反映原始先民手工智慧的物质载体，构成了中国传统手工艺文化的初级形态。

新石器时代，玉器、陶瓷、木器、青铜器、漆器、瓷器、金银器、丝织等物品的出现，昭示着人类手工由初级向高级的技艺转变。器物的实用性与精神意蕴的结合，现实生活与象征意识的融汇，中国传统手工艺的文化价值与日用之道实现完美统一。如今，从《考工记》《髹饰录》《陶说》《绣谱》《天工开物》等到《燕闲清赏笺》《闲情偶记》等文扎手记，能体现传统手工艺的系统著述或奇思妙想，也在很大程度上印证了中国传统手工艺的繁盛状况和独具匠心。

截至鸦片战争之前，中国的手工艺经过千百年的承传和演化，呈现出了稳定且完整的工艺传统，在官方及民间手工艺组织的统筹和引导下，形成了完整的工艺门类。纵然在历代更迭过程中，会出现因技艺转化带来的工艺沉浮现象，但整体而言，历史上中国的传统手工艺品种之繁多、技艺之精湛、手法之丰富，在世界物质文明发展史上都占据重要的地位，并做出了贡献。漫漫丝路的驼铃音、泱泱蓝海的船桨声，在响彻历史时空的同时，也引发了中国传统物质文化与世界文明的交流和碰撞。

中国历史上有几个重要的转折点，其中最重要的便是1840年的鸦片战争。鸦片战争对中国的影响不仅仅体现在那些我们熟知的赔款割地等不平等条约方面，还体现在对延续了上千年以农耕文化为依托的国家体制和社会结构的冲击。鸦片战争的背后是传统的农业文明面临着被新兴的工业文明所取代的危机，在此背景下，英国的工业化效应转嫁到中国传统的生产格局和社会结构中，中国沿海地区的手工艺首先开始出现衰败与新生、模仿与创造、恪守与分化等景象。

大生产机械的出现，使传统的手工生产面临着被机器生产取代的命运，手工艺在西方工业化的冲击下开始出现衰落之势。随着传统手工艺品逐渐被工业产品替代，延续了千百年的历史使命的传统手工艺在近代百年变革中被迫面临着艰难的选择困境。然而需要注意的是，在困境之中以农耕文化背景为生的传统手工艺并没有受到完全的影响，在中国更为广阔的乡村地区，其仍然是一种农业劳作之外的辅助形式，一方面以一种合乎规范和法度的形式延续着手工艺传统，另一方面则由于各地不同的地域文化特征，它还承传并丰富着中国传统手工艺的类型与样式。随着国家对民族民间传统文化保护工程的启动和非物质文化遗产保护工作的推进，作为其中重要组成部分的传统手工艺，成为社会关注的热点。

从近些年保护工作开展的相关统计结果来看，目前我国的传统手工艺赋存极其丰富，门类众多，样式纷繁，涉及人们日常衣、食、住、行、用的各个方面，可概括为工具器械制作、农畜矿产品加工、营造、雕塑、织染（缝纫、刺绣）、编织扎制、陶瓷制作、金属采冶加工、髹漆、家具制作、文房用品制作、印刷、刻绘和特种工艺十四个大的类别，每一种类别之下又有少则几种、多则数十种不同的工艺品类。考虑到中国多民族的国情，以及各地地域生态资源和文化习俗的差异对传统手工艺样式及风格形态造成的直接影响，中国现存的传统手工艺品种及数量规模应该相当庞大。

案例评析

传统手工艺是一种汇聚文化价值、经济价值、社会价值等于一身的生产劳作手段，其隶属于手工业范畴之内，是基于日常生活之道而累积的经验和智慧所缔造的工艺法则和技术规范。在当前文化产业发展和传统手工艺振兴的时代背景下，传统手工艺既是一种有形的物质实体，同时又包含无形的文化特质，是一种典型的“文化资本”。

（节选并改编自王潇的《传统手工艺的再生产研究》）

第二节　近代工矿业的发展

思政元素

中国特色社会主义进入新时代，中华民族迎来了从站起来、富起来到强起来的伟大飞跃。中国工业和通信业总量规模持续提升，稳居世界第一制造大国和网络大国地位。以企业为主体、市场为导向、产学研用相结合的创新体系日益完善，航空航天、高端装备、高性能计算、新一代移动通信等领域都取得了突破性进展。我们今天能有如此辉煌的成绩，仍有必要回顾一下，中国近代工业发展的不易。

案例内容

在抗日战争爆发前，由爱国实业家范旭东创办的“永久黄”团体（以下简称“永久黄”）已经成为可以实现盐、碱、酸规模化生产的化工企业团体，并配有独立的技术研发部门为本企业乃至整个化工行业提供技术支持。

1914 年，范旭东在天津塘沽创办久大精盐公司，首开中国精盐生产的历史，逐渐打破了长久以来中国食盐运销的引岸制度。在久大精盐公司获得成功后，范旭东开始积极筹建碱厂，于 1917 年在塘沽创办永利制碱公司。在当时国际上现代制碱技术严重垄断的情况下，永利的事业发展愈发艰难。为了给永利及未来整个团体提供技术支撑，1922 年范旭东又创办了中国第一家私立化工研究所——黄海化学工业研究社，由哈佛大学毕业的孙学悟博士主持。自此，由范旭东创立并领导的永利、久大、黄海团体形成。此后，为了发展我国的国防工业，范旭东毅然承办硫酸厂，并于 1937 年 2 月建成投产。厂的建成标志着中国化学工业酸、碱两翼齐备，开始腾飞。

1937 年，日本侵略者悍然发动“七七”事变，以东北三省为根据地沿华北、华东、华南向中国沿海地区发动进攻，战火直逼天津、上海等工业中心，妄图扼取中国的经济命脉，使抗战失去必需的物质基础，达到迅速灭亡中国的目的。命途多舛的近代中国再一次面临亡国灭种的危机，在近一个世纪内忧外患的动荡环境中艰难成长的实业家们同样走到了“利益”与“责任”的分叉路口：是发国难财，做“以华制华”的代理人；还是奋勇抗争，成为坚守民族气节的爱国商人?

“永久黄”的创始人范旭东从建立近代化工企业之初即并非一个孜孜以求钱、、矢志于谋利的生意人。“永久黄”团体的“四大信条”表明了范旭东和他的企业的价值观：

第一，在原则上绝对地相信科学。

第二，在事业上积极地发展实业。

第三，在行动上宁愿牺牲个人，也要顾全团体。

第四，在精神上以能服务社会为最大光荣。

这体现了一个爱国实业家强烈的使命感和社会责任感。在饱尝国家孱弱、创业维艰的苦楚后，范旭东深知“全牛已失，安问蹄角”的道理；以“宁为玉碎，不为瓦全”的气概，经受住了敌人利诱威逼的考验，为保护工厂的有生力量，带领大批技术人员和职工入川建厂，全力创办华西化工基地。在“四大信条”的指导下，“永久黄”团体的创始人范东虽然一直受西方列强的欺侮，但他仍带领团体费尽心力地为抗战供给基本的化学产品。虽然各企业时刻受到列强的威胁，但也正由于各国在华争夺利益，民族工业才得以艰难维系。这导致诸多企业对战争大规模爆发的估计不足，对国民党政府军队节节退败的战局更是始料未及，在抗战前期显得仓皇失措。在这种情况下，“永久黄”团体积极采取应战措施，尽其最大努力保障企业各相关者的利益。抗战初期，伴随着军事进攻的大规模展开，日军对经济的侵略也从未停止，自然清楚永利、久大等化学工厂的基础性作用，尤其是清楚永利南京硫酸厂在战时的国防工业地位。因此日军一再用威逼利诱等手段妄图与“永久黄”进行“合作”。

“永久黄”创立之初，其章程中明确规定：股东只限于持有中华民国国籍之人，而此时范旭东明确表示：“七七事变，乃吾民族兴废之关键，吾人懔然大义所在，绝未以二十余年心血所注，几千万资财所积之事业，稍敢移异心志，毅然拒绝任何非法妥协。”因此，“永久黄”坚持不卖厂不受降，针对日本侵略者的步步紧逼采取了相应的措施。1937 年 7 月 29 日，天津沦陷，公司沽厂（指久大、永利在塘沽设立的工厂）适在战区，工厂驻兵。1937 年 8 月 7 日，永利、久大两厂被迫全停，“旋由日商兴中公司以钧部名义向公司迭次游说”，提出收买和租赁工厂、设备的要求，范旭东当时虽不在天津，但明确指示在厂人员：“厂外者可听其占用，不必谈租或卖，厂机可云开工时自用尚不够，不便租与。”在厂人员均以永利乃一股份公司，现总、副经理不在津，无从决定为由，多次婉言拒绝。日本见租买不成，便抢占塘沽工厂。范旭东意识到，对于实业而言，工厂设备和技术人员是一个企业生存的基本条件，更是支援持久抗战的有生力量，为保护这刚刚起步的化学工业，他进行了不懈的努力。一方面，范旭东利用与各银团的密切关系，希望银行出面保护工厂和文件。另一方面，留厂管理者和员工与敌人周旋，转运公司重要文件。截至 1937 年年底，久大公司“所有蓝图及重要单据均装木箱寄存相识之洋行”。此外，“永久黄”发表声明并在中英文报纸上刊登，表示碱厂系属商办，均因战事停工，财产所有权并未发生改变；而日方宣称的与永利、久大沽厂达成让渡协议均非事实，实乃侵略行为。在南京的永利硫酸厂为了满足抗日军工生产的需要，停止硫酸铵的生产转产硝酸铵，赶制炸药；其铁工厂则改制地雷壳，直接支援抗战。虽置身险地，团体同仁仍为国为民，加紧生产。敌人见永利在抗击日军中的重大作用，便悍然于 1937 年 8 月 14 日、9 月 27 日、10 月 21 日对其进行轰炸。

“永久黄”的同仁清楚肩负的责任和身处的险境，“敌机轰炸本厂早在意中”。南京失守前，范旭东指挥迅速转移技术人员，抢运可以搬动的机器、图样和模型，无法移动的重型设备则拆走仪表或给予破坏，使其不为敌人所用。范旭东带领下的“永久黄”团体怀着“宁愿牺牲个人”的信念，坚守民族责任；并竭尽所能保护设备和技术人员，为入川建厂打下基础。抗日战争全面爆发后，天津、上海、南京等地迅速卷入战局，“永久黄”团体所属各工厂先后为敌所夺，偌大的集团失去了基础，无营业可言。“永久黄”本着对工人负责的态度，对他们进行了妥善的安置：愿意回家的员工多发两个月的薪水并发车船费，不愿回家者多发三个月的薪水。这对于战时营业一落千丈的“永久黄”来说，确属不易。同时，“永久黄”的中高级职员则实行减薪政策。

这“一增一减”，体现出的是公司在任何时期都会妥善处理员工利益的初衷，并不因为公司遭遇困难或是员工的弱势地位而改变。在抗日战争初期，一个化学工业集团的得失不仅仅关系到股东、债权人、雇员、消费者和供应商等利益相关者，同时更是关系到国家的命运、战局的发展。“永久黄”作为一个私营企业团体，并没有以自身的经济利益为基点，与敌人妥协，而是在正确的方向上，本着负责任的态度，妥善安置员工，保护工厂有生力量。应战的一系列举措表明：在一些非常态下，企业对社会责任的承担并未上升到日常管理层面，而其对社会和政治问题的响应过程、行为带有明显的应激性，这正较好地体现了问题管理的思想。面对突如其来的环境变化，范旭东掌舵下的“永久黄”团体，积极应对战争所带来的多方面问题。

案例评析

由爱国实业家范旭东创办的“永久黄”团体在抗日战争期间，毅然秉承“实业救国”的理念，坚定承担民族责任的信念。“永久黄”团体在国家危亡的关键时期，一如既往地践行社会责任：以国家、民族利益为己任。在范旭东的领导下，“永久黄”团体根据战况适时调整企业行为，在大后方艰苦环境中成为践行企业社会责任的典范。

（节选改编自赵津和韩冬的《抗战时期企业社会责任的历史考察——以“永久黄”团体为例》）

第三节　近代企业的组织形态

思政元素

2018 年 11 月 1 日，习近平总书记在民营企业座谈会上强调：“非公有制经济在我国经济社会发展中的地位和作用没有变！我们毫不动摇鼓励、支持、引导非公有制经济发展的方针政策没有变！我们致力于为非公有制经济发展营造良好环境和提供更多机会的方针政策没有变！我国基本经济制度写入了宪法、党章，这是不会变的，也是不能变的。任何否定、怀疑、动摇我国基本经济制度的言行都不符合党和国家方针政策，都不要听、不要信！所有民营企业和民营企业家完全可以吃下定心丸、安心谋发展！”

案例内容

荣宗敬、荣德生兄弟在清末民初创办的荣氏家族企业——茂新面粉公司、福新面粉分司和申新纺织公司，其企业规模扩展异常迅速，至 20 世纪 30 年代初，已发展成为近代中国无限责任公司企业中独一无二的大企业，也是最大的民族资本工业企业集团。

荣氏兄弟从 1900 年起投资实业，与人合伙在无锡开办保兴面粉厂。1903 年大股东朱仲甫无意经营退股，保兴改组更名为茂新面粉厂，资本由初办时的 3. 9 万元增至 5 万元，荣氏兄弟的出资额由 0. 6 万元增至 2. 4 万元，以后又陆续收购散股股东出让的股票，成为茂新合伙企业中的第一大股东。荣德生出任厂经理，荣宗敬担任上海批发部经理，兄弟二人包揽了生产和销售大权。而且在所有权和经营权高度集权管理下，企业实际上逐步成了荣氏的家族企业，他们不断添机扩充，企业得到了迅速的发展。

1905 年，荣氏兄弟开始向纺织业拓展，但因自身资金有限，与买办荣瑞馨等合作，在无锡开办有限公司组织的振新纱厂。开办时实收资本 27. 08 万元，荣氏兄弟二人当时共入股仅 6 万元。荣瑞馨是大股东，任董事会总董，掌握公司大权。1907 年振新建成开工后，荣氏兄弟在企业中并无实职。但由于振新“经理在申不管营业，副经理读书，不知生意”，企业经营不善，产品积压，亏损至巨，不得不请出荣德生协助经理，一月内即将存纱销清。至 1910 年，振新已经“势难支持”，在董事会一再商请之下，荣德生正式出任经理，负责企业一切产销业务，经营连年获利。但是，荣氏兄弟在振新亲自经历了一连串重大事件之后，他们日益感到有限公司的董事会真可谓“成事不足，败事有余”。1911 年，振新一度银根吃紧，将 300 包棉花栈单押入上海聚生钱庄以应急需。1912 年春节过后，振新因原棉短缺面临停工危机，荣氏兄弟在董事会上提出要各董事垫款赎回栈单，但未获结果。荣德生不得不利用聚生钱庄账房先生的个人交情私下取出栈单，谈妥约日“归款送还，不失信用”。荣德生取到栈单，立即出货投产，于是售纱贴现取款，企业资金得到了周转，接着赴申与荣宗敬商议，为使振新“减轻开支，解除困苦”，提出只有添机扩充，才能发展企业，并拟订了一个“最新最省”的扩充计划。公司董事虽同意计划，却无一愿意添加资金。荣氏兄弟只能自行出面与洋商签订分期付款购机合同，新增纱锭1.8万枚，并购置发电机、马达等设备。1914年新机装齐，全厂使用电力，出品增多，成本下降，当年获利20万元。荣氏兄弟因此又提出在上海、南京、郑州增设新厂，荣德生还亲赴郑州考察，并定购厂基，却又被董事会否决。至1915年，因荣氏兄弟力主扩充发展，坚持不分红利，双方矛盾日益激化，董事会便将荣德生降职为副经理，并进而借口给予撤职查办。

以上这些事件，在荣氏兄弟看来，有限责任公司企业的董事很难合作共事。因为有限责任公司的股东不齐心，企业遇到困难时，董事会无能力支撑；企业需要增资扩充发展时，董事会大股东又只图眼前分红而行使否决权。更有甚者，总董荣瑞馨以权谋私，竟将振兴地产押入英商汇丰银行，垫补他投机股市的巨额亏损，以致企业险被查封厂产。荣德生后来在谈到中国纺织业何以落后时指出，国内早创之工厂，由于“组织不良，教育未备，私心自用，耗费不资”，结果“十九过去”，幸存者寥寥。也就是说，由于公司法在中国尚未完备，企业组织自身不健全，股东权益得不到法律保障，而且社会上对有限公司还知之甚少，于是难免出现握有权势的大股东营私舞弊，损害企业利益。因此他们认为，在各种条件限制下，当时要办好企业，有限责任公司是“不可为”的。于是，1915年荣德生辞了职，两兄弟从振新退股，决定以无限责任公司组织形式，另创荣家自己发展企业的新局面。

荣氏兄弟从振新纺织有限公司退股之前，先在无锡创办茂新面粉厂，这是以荣氏兄弟资本为主，并由他们直接经营管理的企业，是一个合伙公司形式的企业。1913年荣氏兄弟又在上海与人合伙创办福新面粉厂，也以荣氏兄弟资本为主，由荣宗敬自任总经理，它同样是合伙公司形式的企业。福新成立在1904年，即清政府颁布《公司律》之后，按《公司律》规定公司类型，它的正式名称为“上海福新机器面粉合资公司”。这两个合伙公司形式的企业，都是无限责任公司，它们在荣氏兄弟的集权经营下发展很快。由于荣氏兄弟已经认定“有限责任公司不可为”，所以他们从振新退股出来后，于1916年另在上海创办申新纱厂，根据1914年北京民国政府农商部颁布的《公司条例》规定的公司类型，企业的正式名称为“申新纺织无限公司”，明确企业属无限责任公司性质。和茂新、福新一样，荣氏兄弟在申新30万元的开办资本中占60%的股份。申新不设董事会，股东会只是一个陪衬，没有实际权利，荣宗敬为总经理，独揽企业一切大权。

一般说来，无限责任公司由于股东负无限责任，极大地限制了股东对企业的追加投资和企业融资的可能性，因此，无限责任公司多为中小规模的企业。但是，荣氏兄弟经营的企业，却在无限责任公司的体制下，以异乎寻常的速度扩展企业规模，至 1931 年，共拥有茂新和福新 12 个面粉厂、申新 9 个纺织厂，形成规模庞大的集团性企业，其面粉和纱布的生产能力在全国民族资本粉纱工业中占 20%~30%，荣氏兄弟亦被誉为中国的“面粉大王”和“棉纱大王”。

案例评析

荣宗敬、荣德生兄弟在 20 世纪初创办企业时，因“有限责任公司不可为”而采取了无限责任公司的组织形式。这是他们有感于当时的法治环境、监督机制、人文理念等条件尚未完备而做出的选择。这为我们在当代大力发展民营企业提供了一定的经验借鉴。

（节选自黄汉民的《荣氏家族企业的公司制度变革》）

第十章　近代中国第三产业的发展

第一节　商业与对外贸易的发展

思政元素

2020 年 7 月 21 日，习近平总书记在企业家座谈会上强调，我们要逐步形成以国内大循环为主体、国内国际双循环相互促进的新发展格局。主要考虑是：当今世界正经历百年未有之大变局，新一轮科技革命和产业变革蓬勃兴起。以前，在经济全球化深入发展的外部环境下，市场和资源“两头在外”对我国快速发展发挥了重要作用。

案例内容

自 4 世纪起，上海就是中国南北沿海交通枢纽，长江流域的吞吐咽喉。早在开埠之前，上海就以其“江海之通津，东南之都会”的优越地理条件，成为长江三角洲地区最为重要的转运港口之一。近代上海城市的崛起，是“以港兴贸，以贸兴商，以商兴市”的典范。自 1843 年上海开埠后，中国对外贸易中心迅速由广州向上海转移，上海逐渐成为当时中国最为重要的洋货进口和土货出口集散中心。在对外贸易的带动下，上海与国内其他口岸间的贸易流通量剧增，转口贸易日趋繁荣，转口业亦随之兴盛。上海转口贸易的兴盛带来了无限商机，利用货物转口以赚取差价成为不少商人的共识。为方便投机，不少商人开始以上海为中心，设庄办货，利用地区间的供需差异，往来贩运，赚取差价。不过，随着新的海陆交通线的开辟和近代通信技术的进步，易地买卖的经营模式开始落伍，一些转口业商号不再以赚取差价为主要盈利手段，代客买卖以赚取佣金的办庄逐渐成为主流形式。此外，为方便打听沪上行情及开展本号业务，还有不少资金雄厚的外埠商号在沪开设办事机构，这种外埠商号的驻沪分号称为申庄。办庄和申庄成为近代上海转口业的最初起源，不过由于当时上海商界并没有“转口”这一概念，而该业对华南地区货物之输入输出最为突出，因此在很长一段时间内，行业内外人士对其皆以进出口行业视之，称其为华南进出口贸易业。

随着1843年的正式开埠，上海的对外贸易迅速发展起来，至19世纪50年代初期以后，其年进出口贸易额常年占到全国的50%以上。在对外贸易的带动下，上海与国内其他口岸间的贸易流通量剧增，以上海为中心的埠际转口贸易日趋繁荣。上海开埠通商后，自1843年到1845年，大量外国商品开始经由上海涌入中国内地市场，其中以从英国输入的货物最多。以1845年为例，是年上海洋货的进口货值为1 224 079英镑，其中英国输入货值为1 082 207镑，占到了88.4%。在这些洋货中，除少量的硝石外，绝大部分都是棉布、棉纱、粗哔叽、手帕、羽毛纱、天鹅绒等棉、毛织品。不过，由于长期鸦片贸易造成了中国白银的大量外流，民众的购买能力十分有限，而自给自足的自然经济体制又极大限制了民众的购买需求，因此，在经过短暂的繁荣期后，从1846年开始，海外输入上海的洋货货值急剧下降。据统计，1846年输入上海的洋货量较1845年跌落了13%，而1847年又比1846年减少了5.4%，1848年更是较上一年下降了20.1%。

为扭转这种贸易颓势，在正常输入工业制品的同时，罪恶的鸦片贸易再次成为列强打破对华贸易僵局的“投石器”。为攫取巨额利润，在各国领事的庇护和运作下，上海各大洋行的鸦片走私贸易被列入合法贸易行列。1847年，上海走私进口鸦片数量为16 500箱，较1842年增长了100%以上，占到全国鸦片走私总量的半数。而到了1856年，走私到上海的鸦片已达到33 572箱，增长率超过了100%，其进口速度远超一般贸易向上海转移的速度。从1854年到1860年，尽管输入到上海的鸦片货值占进口总额的比重从72%下降到36%，并且正常进口贸易的占比由28%上升到64%，但这掩盖不了上海鸦片走私贸易量极为庞大的事实——从1855年到1860年，输入到上海的鸦片进口货值总额一直维持在1 500万元左右。

不过值得注意的是，尽管上海是近代中国鸦片的最大输入口岸，但由于消费能力的有限，40%~50%的鸦片都销往了苏州，形成了所谓的“苏州方式”，即洋行买办在苏州购买生丝时，“只付现银六七成，余以烟土抬价推抵”，然后将生丝运回沪上，换得外国货物后再次运往苏州，以5%~15%的折扣给内地商贩，再由他们运销内地。在这种交易模式下，鸦片作为一种硬通货被强制、公开地纳入正常的贸易体系。

可以看出，在上海开埠后的十几年间，鸦片走私贸易极大挤压了正常进口贸易的生存空间，以棉、毛织品为主的洋货大多时候都处于停滞甚至下降状态。不过，随着第二次鸦片战争后长江及北方各口岸的陆续开放，大量鸦片不再经由上海转口，而是直接运抵新开口岸销售，这在很大程度上起到了“分流”作用，为上海的正常进口贸易腾出了很大空间，上海棉、毛织品等海外洋货的正常进口贸易开始进入一个新的增长阶段。以海外输入的粗哔叽和羽毛纱为例，1855 年经由上海进口的粗哔叽为 10 040 匹，羽毛纱为 1 410 匹，而到了 1863 年，这一数量变为 103 415 匹和 81 833 匹，其进口量之大可见一斑。随着工业革命的发展和社会生产力的提高，从 1872 年至 1890 年，自西方进口的棉布棉纱价格大约下降了 24%，最低年份甚至下降了 35%以上。低廉的价格拉动了消费热情，大量的棉布棉纱充斥中国市场。就棉布的进口而言，19 世纪 80 年代后，海外棉布的进口主要集中在上海一隅。以 1894 年为例，是年全国的洋布进口量为 1 379 万匹，而其中约有 1 300 万匹是从上海进口的，不过 80%左右的洋布被转口到了华北和长江各口岸销售。棉纱进口方面，由于上海地处产棉区，因此 1867 年上海的棉纱进口量仅为 0. 12 万担。尽管这一数量在 1894 年增加到 62. 26 万担，但其中有 54. 27 万担转口销往国内其他口岸，12. 4 万担转口到国外，本地消费仅 4. 41 万担，不到全国棉纱进口总量的 4%。

当然，除了鸦片、棉布和棉纱的进口贸易，其他产自海外的诸如火柴、肥皂、煤油、染料、油漆、海产品、稻米、糖类等各类生活和生产用品的输入量也较为可观。以上海进口的煤油为例，1873 年从上海输入的煤油为 176 106 关两，而 1883 年则增长到了 631 111 关两，1893 年其输入量更是达到 2 815 883 关两。

甲午战争后，帝国主义列强取得在华设厂经营特权，民族资本主义也开始崛起，一大批企业乘势而兴，机器、车辆、化学产品、电器材料、染料、钢铁五金等生产物资逐渐取代传统的鸦片和棉纺织品，成为上海最为重要的进口产品。1917 年，中国的鸦片贸易基本结束，而从上海进口的棉纺织品所占进口总值的比重也由 1913 年的 43%下降到 1936 年的 2. 2%，仅及 1913 年的 5. 6%。不过，从上海进口的各类工业生产物资的占比，则呈现出上升趋势。据统计，1913 年，从上海进口的机器、车辆、化学产品、电器材料、染料和钢铁五金这六项商品的货价是 2 769 万关两，而到了 1931 年则增加到了 15 889 万关两，是 1913 年的 5. 7 倍。随着上海机器大生产时代的来临，上海进口的农产品原料逐渐增多，其中以棉花、小麦和烟叶的进口数量增幅最快，1931 年较 1913 年增长了 58.5 倍，占上海进口商品总值的 34.2%，全国 90%左右都是从上海进口的。

机器设备和农产品的大量进口适应了近代上海工业化的需求，推动了近代上海工业城市的形成与发展。第二次鸦片战争后，上海一跃成为当时中国最为重要的洋货进口和土货出口的中转站，开始承担对国内外其他口岸的外贸埠际转运作用，其转口贸易中心的地位确立起来。

案例评析

上海转口业的兴起与发展在一定程度上促进了上海城市工业化的进程。商业化是城市化的启动器和“引桥”，工业化是城市化的主要动力。“因商而兴”的上海在甲午战争后逐步走上工业化的道路。但我们也不应忘记，殖民者通过上海向内地大量输入鸦片，毒害我国国民这一令人发指的恶行。

（节选改编自卢俊的《1843—1954 年上海转口业的兴起与发展》）

第二节　金融业发展与金融市场

思政元素

2013 年 9 月 5 日，习近平总书记出席在俄罗斯圣彼得堡举行的二十国集团领导人峰会第一个阶段会议时指出：“要继续加强国际金融市场监管，使金融体系真正依靠、服务、促进实体经济发展。”

案例内容

钱庄最早产生于明代嘉靖年间，当时的钱庄非常简陋，只不过是在集市中摆桌设摊，以满足交易者的临时需求，故又称为“钱摊”。当时唯一合法流通的货币只有一种纸币——大明宝钞。由于朝廷滥发无度，大明宝钞贬值，人们渐渐地失去了对它的信任。先前禁止的白银等货币又回到了市场。随着社会商品经济的发展，商品经济规模的扩大，货币流通量的增加，货币的清点与兑换因此成为一项繁杂的劳动，在这样的社会背景下，亟须一个专门的机构来提供相关服务，钱庄应运而生。

最初钱庄的业务只是货币的兑换，而社会经济的发展慢慢推动了钱庄的改革，业务逐渐增加。到了近代，随着国门的打开，钱庄受到外国资本主义的深刻影响，发展出了存款、洋厘、银拆、贴现等业务，其在国内的影响力越来越大，与外国银行、外商联系也越来越紧密，而这种联系是通过买办、托庇于租界来实现的。买办连接外商、钱庄与中国商人，多数贸易都要进入这个清算网；租界的稳定与外资的投入，吸引着钱庄，这在上海表现最为突出。

洋商的目的是推销商品，占据中国市场，钱庄的目的是扩大自己的业务，扩大其规模，两者有着共同的利益，不谋而合，外国资本家因此控制了钱庄。与其说钱庄与外商、外国洋行、外国银行联系紧密，不如说是外国资本家想要进入中国市场，希望采取一切手段来赚取中国资本，进而控制整个金融业。外国资本家在一定程度上掌握着钱庄的命运，尤其是在中国的金融业受到冲击时，它们往往会撤走资金。因此当倒闭风潮和金融危机爆发时，许多外商扶持的钱庄纷纷倒闭。

票号作为另一种金融机构，也是随着社会经济的发展而诞生，它因与清政府联系紧密，在 19 世纪至清朝灭亡这段时期发展迅猛。原本钱庄由于其规模小，需要票号接济，周转资金，但清政府垮台后，票号日益衰落，跟不上时代的发展，钱庄此时抓住机会，利用庄票形成了以上海为中心的全国网络，在这个网络内资金流通基本没有阻碍，由此占领了市场，获得了极大的发展。尤其是在第一次世界大战期间，工商业繁荣，对外贸易发展迅猛，这促进了钱庄的发展。南京在对外贸易上发展快速，有几年实现了出超，当时南京市面上的汇划庄有二十多家，中小钱庄有五十多家。但是在钱庄快速发展的同时，一些危机逐渐浮现，尤其是在南京国民政府成立后，世界范围的经济大萧条爆发了，加上政府政策和现代银行的兴起，在资本主义世界经济大萧条时期的钱庄，钱庄经营愈显困难，再也无法回到原来的兴盛与繁荣。

1929 年美国爆发经济危机，随后迅速波及了几乎整个资本主义世界。在此次经济危机中，众多西方国家经济处于崩溃边缘，工业生产受到严重影响，破产企业不计其数，人民生活水平急剧下降，全球处于动荡之中。为了转移经济危机的恶果，英国与日本放弃了金本位制，中国的经济受到极大的破坏，美国也紧跟其后，在 1933 年实行货币贬值，并于次年 6 月通过“购银法案”，一方面在国际市场和国内大量购买白银，另一方面美国政府将黄金收归国有，禁止兑现和出口，以实现通货膨胀。美国的白银政策给实行银本位制的中国经济带来巨大冲击，并造成了严重的后果，使得中国的经济更进一步萎缩，中国的存银数量飞速下降，物价大跌不止，当时中国的经济一片萧条。1932 年和 1933 年，金陵海关贸易逆差分别为 2 282 万元和 2 136 万元，这是历年来贸易逆差最为严重的年份。

从 1932 年开始，中国城乡的白银大量流向国外，导致经济萎缩，物价下跌，严重地冲击南京钱庄业，众多钱庄因放款无法收回而被迫宣告停业，甚至倒闭，仅 1931 年秋至 1933 年，南京地区倒闭的钱庄就有 30 多家。白银风潮过后，钱庄的资金来源日益减少，放款难以收回，钱业大恐慌从上海开始，而后迅速蔓延到了其他城市。整个工商业均受到巨大冲击，钱庄歇业或倒闭的情况时有发生，实在无法，只有请求政府救济。为了稳定整个金融业，避免社会进一步动荡，国民政府为了实现规范与改造钱庄业的目标，趁此机会对钱庄进行清理，又在背后通过直接操纵银行来间接操纵钱庄，这带来了两个严重的后果：一是丧失在票据汇划体制的优势地位，最终被划入银行业的票据交换所系统；二是其经营活动受到银行业与政府的限制，渐渐地失去了独立性。

1933 年，南京国民政府颁布“废两改元”训令之后，钱庄业的业务骤减，失去了资金的重要来源，银行支票也极大冲击了庄票的流通，再加上国际白银风潮，使得钱庄业面临的处境极其艰难。这几个事件确实给钱庄带来沉重的打击，并且在 1935 年南京国民政府乘钱庄处于困境之时，对钱庄加强控制，这使得钱庄陷入绝境。这时，银行业等同业在经营过程中对钱庄采取打压态势，拒绝与钱庄合作，多种原因综合，无法获得资金来源的钱庄业从此走向衰落。1936 年年初，南京的钱庄数量减少到 19 家，1937 年，营业的钱庄只剩下六家。

当时的钱庄并非一定要被淘汰，我们经过认真分析认为，经济与政策环境才是导致它出局的根本原因。必须要指出的是，民营中小银行的衰落和钱庄的衰落基本是同步的，这就不难分析出宏观经济政策的目的。国民政府意在加强金融垄断，趁此机会压垮钱庄，与此同时也使得民营中小银行陷入绝境。1935 年白银风潮引发钱业危机，银行业与政府共同采取一系列措施来救济钱庄，避免上海钱庄出现大面积倒闭停业。但是大部分钱庄度过此恐慌阶段后，实力受到极大的削弱。期间国民政府积极地介入到钱庄与银行的关系中，其目的是想通过控制银行业，之后进一步来规范钱庄业，进而实现发展国家资本主义、全面掌控全国金融业的目标。钱庄与银行的关系开始出现严重失衡，钱庄也失去了它往日的平等地位，开始逐步沦为本国银行，尤其是国家资本银行的附属物。从这个意义上说，延续了数十年的银行与钱庄的平衡关系在进入 20 世纪 30 年代后被打破。有学者评论道，1935 年之后钱庄几乎沦为了银行的“跑街”。

钱庄作为社会经济发展的产物，随着时代而兴起，其几经挫折，如社会动荡、外国银行的投资与控制、票号的衰落等，但也一度形成钱庄、民资银行、外资银行三足鼎立的局面。后来随着资本主义世界经济大萧条，国民政府“废两改元”训令与“法币政策”的推行，国有银行的打压与排斥，这一系列的事件使得钱庄的生存空间被挤压，在新中国成立后的社会主义改造中，钱庄彻底退出历史舞台。钱庄所带来的影响是极其深远的，它培养了不少金融业人才，推动了近代中国经济的发展，虽然它有着种种弊端，但不可否认的是它曾经在历史舞台上发挥过积极的作用。

案例评析

钱庄是近代中国商品经济发展的产物，功能主要是兑换货币。由于它顺应时代的发展，在社会动荡、外国银行控制、票号打压下，钱庄仍能够有较大的发展。在票号衰落之后，钱庄获得了快速发展，但国民政府颁发政策，通过银行业控制了钱庄，使钱庄的资金来源大量减少，失去了对金融业的控制能力，从此钱庄一蹶不振，再也无法回到原来的兴盛。

（节选改编自杨修志和张泽腾的《浅谈“钱”与中国钱庄的演变历史》）

第三节 交通运输与邮电业

思政元素

习近平总书记曾深刻指出：“经济强国必定是海洋强国、航运强国。”航运离不开港口。港口的发展，在习近平总书记心中始终有着沉甸甸的分量。无论是在福建、浙江、上海等地方工作期间，还是到中央工作后，港口始终是他考察、关注的重点之一。

案例内容

郑观应是中国近代早期维新派的代表人物之一，而轮船招商局则是当时中国航运业的翘楚。郑观应在进轮船招商局之前，就已经从外资企业那里积累了不少相关企业管理与商战的经验。因其精通船务，北洋大臣李鸿章于

1882年邀请郑氏会办招商局局务。

3月30日郑接受了李鸿章的委托就任轮船招商局帮办，不久提出了局务改革方案，同时将上海电报分局总办一职由经元善接任。1883年郑观应被提升为招商局总办。

郑观应在轮船招商局任职期间，时常以外资企业，尤其是太古轮船公司作为比照、学习的对象。

第一是人事制度方面。1881年他在给时任天津海关道的近亲郑藻如（玉轩）的信中写道："弟素性愚憨，只知尽心办事，不识避忌钻营，更易为人排挤矣！"他告诉郑藻如："洋人所以能事无不举者，以立法必行、毫无假借也。"

第二是企业经营方面。1880年，招商局船在各口岸耽搁的问题十分严重。郑氏因此力主："轮船开放不可迟留也。凡船在各埠，宜查其开行之日，电报关照以便预揽客货上栈。船到即装，不致停久。"1892年后，他指出："迩来官场各友亦来说，我局坐舱招呼不及怡和轮船买办周挚，即饭菜一项大半不能入口。果如所言，生意难期起色。"

第三在企业管理方面。1880年，用煤是招商局主要成本之一，若能在这方面减少损耗，招商局必能提高利润。因此郑观应力主买煤宜认真稽核。他计算："每船一昼夜节省一吨煤，每月约行十五天，每年可一百八十吨，统计三十船每年可省五千四百吨，每吨四两，合计可多银二万一千余两。"

第四在资产更新方面。郑氏曾对盛宣怀指出，有股东云，"我局公积之款甚巨，应如太古公司岁添二千数百吨之船，不应移款兼营别业"等。虽是挽回利权之策，然擅拨局款兼办银行，不会商股东，只求直督批准，于商律不合。1892年后，郑观应又向盛氏重提上述建议："年来各公司船日多，本局船日少。且老船不如新船，故太古尝将其旧船沽与日本，得其船价足以抵新造之船费。前经迭陈，亟宜筹款添船，如虑无款，即将所存局股及各种股票无用之昼出售，又将华栈等地可照前议招股改为公栈，得此巨款，可以添船数只，不宜再迟，恐将来工料价增，其中吃亏不浅。"

第五在经济核算方面。1909年，郑观应揭发招商局弊病，找出了一系列问题：新造轮船质量不及怡和、太古，但造价却很高。1911年9月4日他又从上海出发，乘船到重庆，直到1912年1月12日才回到上海。在这四个多月里，他及时提出了不少主要改进意见。其中有一条，招商各分局负责人须仿照太古公司月造三公司船出口货比较表，以便知己知彼，采取有效的对策。

上述五方面的差距是明显存在的。1885 年马良奉李鸿章命调查招商局在唐廷枢等人管理下的情弊。其报告书也指出：“用人之弊，失之太滥。各局船栈，人浮于事，视太、怡行不啻三倍，……洋人言，该处司董以局船为己有，专装私货，无怪公局之亏折也。南洋船主亦言，每船到埠，不准早开，以局董私货未及配载，有停至五六天者，为费不赀。”这些都证实了郑观应的看法并非夸大其词，故作惊人之语。

难能可贵的是做过太古买办的郑观应，清醒地看到外资企业也不是十全十美，同样是有缺点与不足的。他曾向招商局总办唐廷枢报告说：“近闻本局有船私走米麦千余包之多，非独吞匿客脚。虽各船主、大副未必是徇私之辈，然在洋行之船，其买办尚属如是，况本局之坐舱船主安肯破除情面？受贿亦佯作不知。又有报关者与下货人作弊，以多报少，通同分肥。”他曾“嘱总船主将各船所载重数、吨数列”，以便验货之用。“如其不符，非小工堆放之不齐，即坐舱者走私，或报关者作弊，借可稽查。”郑观应对招商局总船主蔚霞的徇私和舞弊尤为不满，指出：“因本局定造之船无论在英、在沪，非总船主蔚霞经手不成。盖因所购船中用物，材料均有好佣钱故也。”

郑观应的志向是，努力与外资企业竞争，为中国航运企业争一席之地。1892 年 12 月 6 日，郑观应从广东到达上海，即到招商局接事。郑观应一进局即会同陈猷等人与怡和、太古洽谈，很快签了第三次齐价合同，股票价格很快回升到一百数十两。齐价合同有着重要的意义，它的签订本身就是对怡和、太古等外资航运企业的胜利。齐价合同原是资本主义航运业的惯例，因航运有固定航线，只要大户联合定价，便可取得垄断利润。以上海到汉口的长江货运为例，在 1862 年以前是由宝顺洋行的船只垄断，每吨运价高达 25 两。1867 年，宝顺、怡和退出长江，旗昌垄断，一直维持在 5 两水平。1872 年，太古成立，长江运价一度又降至 2 两。招商局成立后，外商激烈跌价竞争，其长江运价一直维持在 2 两水平。1877 年太古收买旗昌后，再减为每斤 1 钱，已无大幅度可降的空间了。1878 年，招商局遂与太古、怡和订齐价合同。

1892 年轮船招商局与太古、怡和的第三次齐价合同规定：“以船吨位多少共分水脚，招商局着多数。”亲自参与订约的郑观应对这次合同的评价说：“商局本华商公司，倘财力雄厚能与洋舶独力抗衡，此策之上者也。且闻欧美各轮船往来中国之公司，有联合会，共分权利，入会者十居其八，惟小公司未即许其入会耳。故本局仿照办理，与怡和、太古调和联合，以免受商战之倾轧，此迫于时势，为营业计不得不然也。”第三次齐价合同的长江航线合同第十三条又明确规定：“倘有别家争衡生意者，必须彼此联络跌价以驱逐之。”这里的所谓“别家”主要指外国洋行企业的轮船，如美最时之“宝华”轮，麦边洋行之“萃利”“华利”两船，华昌行之“益利”“长安”“德兴”“宝华”四船，马立师行之“金陵”轮，和兴公司之“飞鲸”“飞龙”“飞马”三船等。一言以蔽之，第三次齐价合同本身是轮船招商局实力的展示，对该局的发展是有利的。

郑观应在与外商企业打交道时心思缜密，善于发现问题和提出解决问题的对策。1893 年 3 月 30 日，郑观应开始了他西巡长江各轮船招商分局之行，5 月 6 日抵达重庆。他把沿途了解的营业利弊，与怡和、太古的斗争情形及采取对策等见解，著成《长江日记》。《长江日记》分析了招商局竞争不过怡和、太古的原因，认为主要是对方加强客货的揽载和水脚打折扣，广为招揽生意。对此他明确提出，改变货船挂洋旗免厘金争揽客货的现象，以增加招商局的客货；在用人方面表示了对总船主艇蔚霞的不信任；并提出把招商局积累的资本，用于扩大再生产等。

招商局要引进和利用外国先进的科技，需要付出高昂工资来吸引洋人为该局服务。郑观应一开始虽也主张借才异地，但后来他注意到洋人薪水极昂，职员受贿及徇私，致使该局之薪酬成本比日本和其他外商轮船公司更高，经营成本日增，因而削弱其竞争能力。在这种情况下，郑观应建议“拟设招商局驾驶管轮练船章程”及厘订学堂教学合同式样，设立驾驶学堂来训练该局华人员工，学习船务技艺，使中国人能低成本且大量学习先进的西方科技。

在晚清历史条件下，郑观应学习西方，提倡“商战”，与西方竞争的努力并不受招商局内同人的待见与认可。郑观应回顾说：“（1892 年）复任后仍不避嫌怨，整顿修船、投标，船上堆工、江船客票银水等事，约共岁有十万两。同事颇嫌多事，而反对者百般恐吓，或声言饱以老拳，或暗以炸弹相对，曾贿报馆记者捏词毁谤，望官应长驻汉阳不回上海而后快。”这里，我们既可以看到郑观应企业经营管理思想的超前性，也可以看到在半殖民地半封建社会中中国企业家的艰难境地。

案例评析

纵观郑观应一生，就其职业定位而言，他主要经历了从买办到洋务，到资本家的过程，是一名具有“公共知识分子”范的成功商人。他渐渐由体制外买办、商人被吸纳至体制内，成为近代中国著名“红顶商人”之一，成为近代中国洋务新政重要实践者、见证者。郑观应是“同光中兴”盛世背景下最为警醒的思想者，看到了中国的进步远远不够，总在思索发展中的问题，只报忧不报喜，是时局中的清醒者。

（节选改编自邵雍的《郑观应与轮船招商局》）

第十一章　近代中国的经济增长与在世界经济中的地位

第一节　近代中国的经济增长

思政元素

2016年7月26日，习近平总书记在主持召开中共中央政治局会议分析研究当前经济形势，部署下半年经济工作时强调："要坚持适度扩大总需求，继续实施积极的财政政策和稳健的货币政策，注重相机、灵活调控，把握好重点、节奏、力度，为供给侧结构性改革营造良好宏观环境。要落实各项减税降费措施，保证公共支出能力和力度，发挥财政资金效应，引导社会资金更多投向实体经济和基础设施建设薄弱领域。要引导货币信贷和社会融资合理增长，着力疏通货币政策传导渠道，优化信贷结构，支持实体经济发展。要有效防范和化解金融风险隐患，保持人民币汇率在合理均衡水平上基本稳定。要持续深化'放、管、服'和财税、金融、创新、国企等重点领域改革。"

案例内容

从经济思想发展史来看，中国古代的储蓄思想及理论是我们研究近代社会转型时期储蓄思想的起点和背景。事实上，储蓄与节俭是一个事物的两个方面。中国古代的储蓄理论主要集中在对节俭的阐述，因此，节俭的理论内容十分丰富。由于传统经济的自给自足，储蓄、消费、投资、生产缺乏时空的要求，因此古代储蓄理论，主要针对消费领域而言，强调的是节约对个人的道德品质修养和国家政权稳定的作用，更多的是表达一种经济价值观取向。

从现代经济学的角度来看，储蓄与经济增长的关系一直是经济学研究的重点问题之一。在经济发展史中，节俭在传统意义上一直被认为是一种美德，是一种对社会有益的行为。而储蓄理论也是西方经济学研究的一个核心问题，亚当·斯密在《国富论》中就曾提到资本的积累有利于经济的增长，并提出提高储蓄率有利于生产规模的扩大。在近代社会转型，特别是经济生产方式的转变时期，传统经济思想与西方经济思想及理论学说进行了不同程度的碰撞与交融。

节俭更多地包含了道德层面的含义，而储蓄则更多地表示为经济行为，此种转换本身就是现代经济学知识体系的体现。中国传统经济思想中的“量入为出”“黜奢崇俭”等观念在近代西学东渐过程中，逐渐被“生产”“消费”“储蓄”“投资”等经济学概念所取代。

“实业”一词由康有为首先提出，此后，逐渐流行，其含义也逐步丰富。在20世纪初，振兴实业已是社会上的普遍认识，并成为一种社会思潮。与此同时，思潮的倡导者也积极投身实业，这些实业家在企业经营的实践中形成了一定的企业储蓄思想，这种思想尽管零散且缺乏理论体系，但仍可以成为中国早期工业化思想理论的一部分。近代中国“实业救国论”的主要倡导者之一张謇十分重视企业储蓄。他指出：“国非富不强，富非实业不张，实业非有多数之母本不昌。”为了保证企业发展有充裕的资金来源，他强调公积金的重要性，认为：“公积者，凡商业之命脉也，愈厚愈固。”而如遇企业资金紧缺或经营不佳，更要及时追加资本，必要时应“停缓股息，及将来息有限制，注重公积折旧”。可见，振兴实业的实践丰富了企业储蓄思想的内容。随着实业发展规模的扩大，实业家不仅在各自以企业发展中认识到企业储蓄的重要性，同时也意识到储蓄在产业发展中的关键作用。穆藕初在《中国棉织业发达史》一文中提出“欲谋今后吾国棉织业之发达”的六条建议，提到了企业生产储蓄的问题，他强调要“多储公积，使厂基稳固”。

传统中国社会是一个以农业为主体的社会，民众对于盈余常存三种处理习惯：把资金以窖藏方式留置起来，使其退出流通领域；或者充当亲朋好友间的互助资金使用；抑或以较高利息贷出。而储蓄思想的传播，则是近代新式金融机构产生的思想渊源。储蓄不同于传统意义上的货币窖藏，其与近代新式金融机构的出现紧密相关；将储蓄纳入银行体系，也是近代金融现代化的表现之一。由于商业银行具有信用创造功能，其可以由储蓄向投资转变，进而影响国家的现代化进程。近代国人对储蓄及银行，已认识到其信用创造的功能；同时也模糊意识到，储蓄在客观上是金融资源的初始形态和形成源泉，而储蓄与投资的融合也是现代经济与传统经济的重要区别之一。

新式银行在现代储蓄观念的形成及业务发展上，起到了至关重要的作用。以上海商业储蓄银行的储蓄业务为例，总经理陈光甫率先创立了1元开户的储蓄业务，即储户只要存入1元钱就可以在该行开立账户，对于储蓄不到1元者，可使用该行制作的储蓄盒。这一业务在开办之初虽然受到一些人的讥讽，但它却使银行吸引了社会闲散资金，存款额不断提高。此后，四明商业储蓄银行组织的四明储蓄会及中南、金城、大陆、盐业四行组织的四行储蓄会等都在社会上引起了强烈反响。此外，普通公司商号在已有历史传统上也扩大了吸收社会储蓄的规模，通过报纸等载体刊登广告大张旗鼓地进行宣传，为自己招揽社会储蓄造势。

20世纪30年代，凯恩斯在创立宏观经济分析的过程中指出了储蓄对经济增长的作用，认为从储蓄的数量上分析不能说明问题，必须把储蓄与投资相联系，才能说明储蓄对经济的作用。这既明确了储蓄的作用，双明晰了储蓄在宏观经济或经济增长中的作用机理。

20世纪20到40年代可以说是西方理论经济学在中国传播的高潮时期，一批从欧美回来的留学生逐渐取代了从日本回国的留学生，他们将在欧美学到的一手的经济学原理和经济学知识传入国内。据不完全统计，这一时期国人自编或翻译的西方经济学相关理论著作超过了240本。从传播内容来看，传入中国的理论经济学与当时西方主流经济学之间的年代差距不是很大，其中对西方经济理论的介绍与引入并不滞后。凯恩斯学说也不例外，当时的主要经济学家不仅对此理论学说的研究颇有造诣，而且在燕京大学（北京）和南开大学等高校公开授课，同时也编写了《凯恩斯之经济学说》等相关著作。而储蓄发展为国民储蓄的概念后，在宏观经济理论中的重要性显而易见，对近代中国的经济增长理论与经济政策产生了直接影响。

从第一次世界大战结束以后，孙中山即着手研究中国实业的宏观发展问题。与北洋政府相比，南京国民政府时期的投资体系经历了以民间投资为主到以政府投资为主的转变。实际上，近代中国打开国门之后，面对资本主义的社会化大生产，储蓄—投资的机制已经打破了传统社会自给自足的模式，而利用政府投资进行经济增长的思想理念也是南京国民政府的发展策略之一。伍启元从增加国民储蓄的角度提出“节约国民消费”是筹措国内资本的方法之一。他还提出，鼓励人民储蓄，可以直接统制投资，防止资本集中于不重要的和未被统制的生产上。

近代中国经历了从商战到振兴实业，进而至完善工业化理论的发展历程。南京国民政府成立后，以工业发展为其主要经济施政纲领和目标。在1928年，国民党中央政治会议通过的《建设大纲草案》，对国内投资的规模及途径进行了初步估计，其中对投资资本最低限额的估计是每年平均5亿元，则在实业计划实施的50年中将耗资250亿元；设想中国当时每年的储蓄总额为5.5亿元，由于外国借款并无保障，所以计划投资可能用去近乎全部的储蓄。1931年工商部改组为实业部，1933年制定并颁布了《实业四年计划（1933—1936年）》，计划集合16亿元资本投资于工矿农业各业。

不难看出，要实现如此庞大的投资计划则必须具有足够的储蓄能力或融资能力。储蓄是工业投资的来源。鸦片战争以来，晚清时期的政府储蓄缺乏，国家财政支出状况逐年恶化，使晚清政府在继续创办经营军用工业的同时，还要创办民用工业，“以商助官”，已显得力不从心。而在国民政府时期，以翁文灏、方显廷等为主的政府官员和经济学家强调要以国内资本筹集为主，主张以节约的方式积累工业发展所需的资本。经济学家方显廷在《中国工业资本问题》一书中，提出对储蓄实行摊派建设公债与强制建国储金两种方式。这种节俭储蓄论具有深刻的时代背景与特色，虽然与古代的节俭论在一定程度上具有相同内涵，但其与宏观经济及国民生产联系更为密切。

在如何运用储蓄的问题上，核心是处理储蓄与投资的转化机制。一旦储蓄与投资的机制建立，那么储蓄就进一步纳入宏观经济增长的范畴。因此，只有用于生产发展的储蓄，才可以转换为资本。伍启元针对长期以来储蓄运用中存在的问题，提出了引导投资的主张。他认为，中国的储蓄主要有三个方向：一是土地投资，二是商业投资，三是资本外逃。伍启元清晰地看到当时储蓄与投资的畸形发展：当时的储蓄资金大量向土地、商业流动，形成土地投资、商业投资的非正常扩张，未能形成储蓄转变为资本的正确渠道和合理机制，严重影响了中国工业化的长远发展。

工业化发展时期的储蓄思想和理论不仅继承了传统储蓄思想中的经济伦理因素，而且进一步将储蓄纳入工业发展与经济增长的问题框架。至此，我们也可以通过西方储蓄概念和理论的演进，看到西方现代经济思想与理论在近代中国经济转型中的适应与发展。

案例评析

近代中国处于社会转型时期，工业化和市场化对以农业为主的传统社会形成的储蓄思想提出了新的要求和挑战，同时西方储蓄思想及理论的传入则为近代中国的经济增长提供了新的理论指导。以农业为主体的传统社会，形成了节俭的储蓄行为及习惯。随着振兴实业及早期工业化思潮的深入发展，中国传统经济思想中的“节俭”逐步被“储蓄”概念代替，关于企业储蓄的论述在近代储蓄思想成果中占相当大部分。

（节选改编自徐琳和王颖的《近代社会转型时期的储蓄思想与经济增长》）

第二节　产业结构调整、城市化与区域经济发展

思政元素

习近平总书记曾指出，“新形势下促进区域协调发展，总的思路是：按照客观经济规律调整完善区域政策体系，发挥各地区比较优势，促进各类要素合理流动和高效集聚，增强创新发展动力，加快构建高质量发展的动力系统，增强中心城市和城市群等经济发展优势区域的经济和人口承载能力，增强其他地区在保障粮食安全、生态安全、边疆安全等方面的功能，形成优势互补、高质量发展的区域经济布局”。

案例内容

从康熙八年（1669 年）至民国二年（1913 年），保定一直是直隶省会，一度是全省的政治、军事、文化中心。天津原是卫所，充当北京的军事、经济辅城，清代初期“完成了由封建军事城堡向封建工商业城市的演变”。自 1860 年天津开埠至 19 世纪末，天津与保定在不同路径的演进过程中，其城市地位发生更迭，天津取代保定成为直隶地区的中心城市。近代天津在西方国家入侵的压力下被动开放，开启了现代化进程。天津近代转型是强制性与诱致性制度变迁共同作用的结果。列强通过一系列不平等条约强制性地打开了天津市场，使之卷入世界资本主义市场，同时，列强的通商需求成为刺激天津经济发展的动力，城市发展为区域性的商业中心，是其转型为直隶中心城市的开端与主要原因。

在第二次鸦片战争中，列强逼迫清政府相继签订了《天津条约》《北京条约》及附加条款等一系列不平等条约，以法律的手段谋取侵华特权，打

破了天津原有的发展路径，是强制性的制度变迁。列强入侵、开埠通商是天津崛起的前提条件，天津由传统的封建商业城市转型为半殖民地半封建的贸易城市，列强在津攫取诸多特权，体现在以下几方面：

第一，开埠通商。外国人在津拥有居住、贸易的权力，天津由封闭走向开放，是城市现代化的开端。

第二，划占租界。列强在租界内享有自治权和治外法权，设有不受中国政府统辖的行政机构，长期派驻军队，单独设置警察和监狱，任意买卖土地和征收捐税，俨然“国中之国”。租界既是列强侵华的重要据点，也是西方文明传播的输出地，客观上促进了天津近代转型。

第三，协定关税权。在第二次鸦片战争结束后，列强大幅下调了中国的关税税率。洋商在华进出口商品，只需缴纳一次性2.5%的子口税，中国商品在国内转运，每经过一道关卡，都要缴纳各种税费。关税的调整、子口税制的颁布，使我国进出口贸易处于劣势地位，各开埠口岸沦为了列强在华倾销商品、掠夺原料、输出资本的中转站。天津由此发展为北方地区的商贸中心。

第四，海关行政权。1861年，天津海关成立，首任税务司是英国人克士·可士吉。英国人德璀琳曾控制天津海关达22年之久，不仅一手操纵了天津的进出口贸易，而且忠实地执行着西方资本主义对中国的各项侵略政策。德璀琳因此被外国资本家称为洋行“贸易的助手”。中国海关是西方控制进出口贸易的工具，天津海关在近代以来长期被列强所控制，根本起不到保护本国贸易的作用。

工业革命后，资本主义国家对原料与市场的需求空前增加，疯狂对外扩张，天津被卷入世界市场体系之中。列强的贸易需求提升了天津的经济地位，他们在租借地传播西方文明。天津在20世纪初发展为全国现代化程度最高的城市之一，属于诱致性制度变迁。

1. 对外贸易的繁荣提升了天津的经济地位

自清代以降，天津是漕运、海运的交汇处，商品经济颇为发达。“清代中叶，无论从漕运、盐业，还是海运、商业的发展情况来看，天津已明显成为北方的商业中心。”就其商业地位而言，开埠前的天津被定位为北京的经济辅城，“商品经济还没有发展到有自己直接控制的经济圈，城市的经济辐射力很弱”。开埠后天津的经济地位明显提升，19世纪末其发展为北方地区的外贸中心，对外贸易甚是繁荣。开埠通商加强了天津与国内市场和世界市场的联系。资本主义国家的贸易需求激发了城市的经济潜能，天津进出口贸易规模不断扩大，1865 年为 1 290 万两，1895 年则达到了 5 017 余万两，1911 年为 11 654 余万两，到 1921 年达 22 478 余万两。天津对外直接贸易进出口比重明显上升，以 1867 年和 1894 年为例，进口由 1.1%升至 2.7%，出口由 1.6%升至 5.1%。20 世纪 20 年代以后，天津外贸规模超越汉口、广州，是继上海之后中国第二大商业城市。与此同时，天津的商业腹地也随之扩大。开埠前，天津作为中转集散地，将沿海贸易集中在这里，将南方货物等销往北京和内陆，开埠后其势力范围横亘于黄河左岸以北的本部六省（直隶、山西、山东、河南、陕西、甘肃）及蒙古、新疆和满洲，逐步摆脱了对北京的经济依附。对外贸易规模的扩大也推动了天津近代工业、金融业的初步发展。1871 年成立的大沽驳船公司是外国资本在津创办的第一家近代工业企业。就发展进程而言，天津的近代工业、金融业在 20 世纪前处于起步阶段，在民国时期其逐步成为北方地区的工业、金融中心。

2. 租界的开辟推动了天津城市近代转型

列强相继在津开辟租界，以西方模式经营管理租界，改变了天津的城市空间结构，打破了传统的社会秩序，推动了城市近代转型。首先，租界区范围的扩大拓展了城市的空间。有些租界区原为荒凉之地，英法当局“均在河岸修建了停船码头，转移了天津城市的经济重心，并由此造成了租界的繁荣”。1894 年甲午战争结束，日、德开设租界，五国租界连成一片，“很快发展成为天津的对外贸易中心和城市的经济中心”。

首先，庚子之变后，天津拥有九国租界，“总面积达 23 350 亩，相当于天津旧城的 8 倍”。天津的经济中心也由老城区转移至租界区。其次，租界的开辟改变了当地传统的社会秩序。租界作为列强侵华的前沿阵地，将西方文明传入中国，在物质与精神两方面打破了传统体制的束缚，在管理体制、市政建设、思想文化观念、社会生活等领域推动了当地转型。最后，洋行数量的激增促使买办阶层的产生，外国银行业的蓬勃发展刺激了天津近代金融业的转型与兴盛，改变了天津的社会结构，提升了城市的经济地位。在 19 世纪末期，天津是中国现代化程度最高的城市之一。

20 世纪以前的天津在现代化进程中，经历了由西方国家主导的强制性与诱致性制度变迁。列强胁迫清政府将天津开埠，并攫取众多特权，打破了城市传统秩序，属于强制性制度变迁。西方资本、技术、文化的传入在天津近代转型中起到了诱导作用，城市的经济活力被激发，天津在思想观念、社会结构、市政建设、管理制度等方面均有所变化，属于诱致性制度变迁。西方国家的外部冲击为天津的崛起提供了主要动力，构成了天津、保定区域地位转换的前提条件。

天津是北京的东大门与入海口，政治、军事重要性居各通商口岸之首，开埠后是列强“足以威胁京城”的基地与“阴谋的巢穴”。清政府对天津进行了重点经营，推动了天津、保定行政地位的转化，清政府的众多行政干预属于强制性制度变迁。

天津开埠后，清政府于1861年成立总理衙门，下设三口通商大臣，驻扎天津，管理牛庄（后改营口）、天津、登州（后改烟台）三口通商和对外交涉事务，天津政治影响力空前提升，“区区虽为一隅，而天下兴废之关键系焉”。1870年，天津教案爆发后，清政府再度调整地方行政体制，裁撤三口通商大臣，设北洋通商大臣，由直隶总督兼任。自李鸿章起，直隶总督兼北洋大臣形成惯例。直隶总督兼北洋大臣一职的设立，是直隶行政中心转移的开端，直隶政治中心开始由保定向天津转移。在轮驻制度中，总督驻地以天津为主，保定为辅，此后鉴于洋务事宜繁忙，“遂终岁驻此，不复回驻保定”。天津成为直隶地区事实上的政治中心，保定的省会地位有名无实。天津作为重点经营的军事要地，保定的军事中心地位也被天津所取代。

第二次鸦片战争结束后，清政府有识之士为拯救民族危亡，主动进行现代化探索，开展洋务运动。1870年李鸿章任直隶总督以后，天津是中国北方推行洋务运动的中心。天津作为拱卫京师的重要门户，“遂被选定为清王朝重点布置防御力量的沿海城市，20世纪以前，天津竟成了中国最大的近代化军事基地”。清政府在天津兴办了大量企业，天津机器局和大沽船坞是官办工业的骨干企业。为了解决工业原料及运输问题，李鸿章创办了开平矿务局，采取西方技术采掘煤矿，修建了中国第一条运枢铁路——唐胥铁路。洋务运动开启了天津早期工业化的历史进程，其中官方是主要的推动力量。

20世纪初，清政府历经庚子之变的劫难，推行新政。“各就现在情弊，参酌中西政治，举凡朝章国故……各举所知，各抒所见，通限两个月内，悉条议以闻再行上禀。”1902年，袁世凯以天津作为其实施新政的核心地区，强化了其政治、经济功能。就政治而言，天津俨然是全国新政的示范之地，影响力再度提升。袁世凯在津推行巡警制度、提倡兴办实业、兴办新式学校、开发河北新区、重视市政管理、试行地方自治、开展禁烟运动等。天津在城市管理、地方自治、振兴实业和新式教育等方面走在全国的前列，在全国的地位达到前所未有的高度。

“许多官邸、衙门纷纷迁至境内。”1913年，民国政府将直隶省会迁往天津，正式确认了天津的政治中心地位。就经济而言，袁世凯倡导兴办实业，开办直隶工艺局，天津“成为北方最大的工商业城市，国内的特大城市”。

天津在遭遇西方势力侵入的同时，经历了由清政府主导的强制性制度变迁。官方决策推动了直隶政治中心的转移，省会轮驻制度的实行，洋务运动、清末新政的开展，使天津跃升为直隶地区的政治中心。此外，清政府兴办了大量近代工业企业、倡导发展实业，亦强化了天津的经济功能。

案例评析

保定与天津在不同的制度安排下开启了现代化进程，体现了近代中国城市的两种发展路径。直隶中心城市的转移，是“西方与中方”“经济与政治”等多重因素共同作用的结果，既反映了近代城市发展的客观规律，也具有特殊性。

（节选改编自周辰的《强制与诱致：近代直隶中心城市转移——以天津、保定为例》）

第三节　近代中国在世界经济中的地位

思政元素

2012 年 11 月 15 日，十八届中共中央政治局常委同中外记者见面时，习近平总书记强调：“我们的民族是伟大的民族。在五千多年的文明发展历程中，中华民族为人类文明进步做出了不可磨灭的贡献。近代以后，我们的民族历经磨难，中华民族到了最危险的时候。自那时以来，为了实现中华民族伟大复兴，无数仁人志士奋起抗争，但一次又一次地失败了。中国共产党成立后，团结带领人民前仆后继、顽强奋斗，把贫穷落后的旧中国变成日益走向繁荣富强的新中国，中华民族伟大复兴展现出前所未有的光明前景。我们的责任，就是要团结带领全党全国各族人民，接过历史的接力棒，继续为实现中华民族伟大复兴而努力奋斗，使中华民族更加坚强有力地自立于世界民族之林，为人类作出新的更大的贡献。”

案例内容

19 世纪后半期，世界资本主义进入帝国主义阶段，帝国主义加强了对殖民地、半殖民地等国家和地区的经济侵略。在中国，甲午战争之后，帝国主义不但继续进行商品倾销，而且扩大对华资本输出量。各国对华进行资本输出在甲午战争之前就已经存在，但规模不大、数量不多，主要集中在航运业、银行业、船舶修造业及一些出口产品的加工业等方面。甲午战争之后，帝国主义各国为把中国变成它们各自独占的市场，对华资本输出大量增加，主要有以下几个方面。

首先是对清政府的借款。从清光绪二十年（1894 年）至清宣统三年（1911 年），清政府共向各国借款 120 382.5 万两白银，实收借款 66 053.596 万两白银，主要用于战争赔款、铁路、财政支出等方面。这些借款不但条件苛刻，利息高，折扣大，而且大都以中国的关税、盐税及内地税为抵押，而这些又是清政府的重要财政收入。因此，列强通过借款控制着清政府的财政，借款成为帝国主义控制中国的有力武器。

其次是对铁路和工矿业的投资。在铁路方面，从清光绪二十六年（1900 年）至清宣统三年（1911 年），清政府举借用于铁路修建的外债共计 2.8 亿两白银。列强通过这些借款取得了对中国铁路的建筑权、经营权、收益分配权等。至清宣统三年，中国修建铁路 9 618 多千米，但自主铁路只有 665.2 千米，约占 6.9%，帝国主义经营、控制下的铁路达 8 900 多千米，约占 92.5%。当时中国绝大部分铁路为帝国主义所占有，如中东铁路、胶济铁路、滇越铁路等。在工矿业方面，帝国主义的投资也不断增加。

最后是帝国主义的银行成为控制中国金融的中枢。甲午战争前，外国在华设立的银行有 8 家，有 16 个分支机构，而 1985 年至 1913 年，外国在华设立了 13 家银行，共 85 个分支机构。帝国主义在华银行的作用也有新的体现，即成为帝国主义资本输出的指挥、执行机构，帝国主义国家对华借款、投资、储蓄、贸易等经济活动，大都通过银行来进行，凭借各种特权及雄厚资本，控制着中国的财政金融。

1. 帝国主义的侵略对中国传统自然经济的影响

第二次鸦片战争之后，外国侵略者完全打开了中国的大门，外国商品大量涌入中国市场，强烈冲击了手工业，促使其衰落。手工业的衰落，最主要表现为手工棉纺织业的解体，这一解体大致经历了洋纱代替土纱、洋布代替土布、手工纺织业与农业分离的过程。在近代资本主义生产中，由于使用先进的纺织机器，棉纺织劳动率提高很大，生产费用和产品价格大幅下降，而且产品质量提高。因此，洋纱输入中国，在质量上优于土纱，在价格上低于土纱，洋纱市场逐渐扩大。在 19 世纪 70 年代以前，洋纱市场仅限于华南各埠，但70年代以后，扩展到了华北和内陆各省，并深入到许多边远地区。洋纱遍及中国市场，造成了中国城乡大批手纺业者的破产。在洋纱代替土纱的过程中，洋布也因其华丽的色彩、低廉的价格等冲击着土纱市场。从当时的情况来看，虽然洋布对手织业的冲击不如洋纱对手织业的冲击大，但手织业的衰落已不可避免。手工棉纺织业衰落的结果，导致手工纺织业逐渐与农业分离。外国各种工业品的输入的冲击，使中国其他手工业也趋于没落，如当时有人指出："洋布、洋纱、洋花边、洋巾进入中国，而女红失业；煤油、洋烛、洋电灯进入中国，而东南数省之柏树皆弃为不材；洋铁、洋针、洋钉进入中国，而业冶者多无事投闲，此其大者，尚有小者，不胜枚举。"其他手工业的衰落，意味着自然经济的更广泛的解体。

在外国资本主义势力的侵入和冲击下，中国农产品商品化开始发展，农业进一步被卷入到商品经济中来。鸦片战争后，特别是第二次鸦片战争后，外国资本加强了对中国农业产品的掠夺，在农产品输出方面，清同治十二年（1873年），输出值为280多万元，清光绪十九年（1893年）为2 800多万元，清宣统二年（1910年）达8 900多万元。茶叶、生丝、棉花等出口量的增加幅度都很大。另外，随着中国城市经济的发展，城市近代工商业、交通业等的兴起，使其对农产品的需要也在增加，从而刺激了农产品商品化的发展。在农产品商品化的发展中，粮食生产的商品化程度不断加深，粮食的流通规模、范围都有较大扩展，长沙、武汉、芜湖等地成为著名的粮食集散中心。

2. 帝国主义的侵略对中国近代经济兴起的影响

在外国资本主义侵略势力的影响刺激下，中国近代工业、交通运输业、金融业、商业等资本主义近代经济兴起。最早在中国出现的近代工业，是19世纪四五十年代外商经办的船舶修造企业。第二次鸦片战争后，从19世纪60年代开始，清政府的一些官僚掀起了洋务运动，先后创办了一些军事工业、民用工业，较著名的有江南制造总局、福州船政局、轮船招商局、开平矿务局、汉阳铁厂、大冶铁矿等。清政府创办的近代军事工业，是中国自己开办的最早的机器工业。从70年代开始，民营资本企业也开始出现，主要集中在缫丝业、棉纺织业、面粉业、火柴业、造纸业和印刷业等行业，较著名的企业有陈启源创办的继昌隆缫丝厂、朱鸿度创办的裕源纱厂、孙多森创办的埠丰面粉厂等。中国早期的民营工业无论是规模、资本，还是技术设备等都十分落后。从中国近代工业的兴起来看，它与西方资本主义工业由手工工场经过产业革命过渡到大机器工业的道路不同，中国最初的近代工业是直接由外国机器工业引进移植而来的。中国新式交通运输业，最初大多是由政府创办经营的，到清宣统三年（1911 年），大部分铁路为外国控制。在轮船航运业方面，中国轮船航运业最早由外国轮船公司垄断，到清同治十一年（1872 年）轮船招商局一直是中国自办的最大的轮船航运企业。

中国最早的资本主义性质的新式银行机构是由外国人设立的。清道光二十五年（1845 年），英国丽如银行在香港和广州同时开设了分行，这是中国最早出现的外国银行。此后外国银行逐渐增多，并多集中在上海。清光绪三十年（1904 年），清政府在北京成立户部银行，这是中国第一家国家银行，并有铸造货币、发行纸币等权力。清光绪三十四年（1908 年），其改名为大清银行。此外，各省地方政府还设立了一批官银钱局号，它们采用官督商办形式，除经营一般银行业务外，还发行地方纸币。在中国自办银行中，私人创办的银行也已出现，如上海的信诚银行、四明商业储蓄银行，镇江的信义银行，杭州的浙江铁路兴业银行等。到清宣统三年（1911 年），中国自办的银行达 30 家左右。随商品经济的发展，新式商业也开始兴起。近代新式商业的兴起，总的来看，推动了中国商品经济的发展。但它们与外国资本主义侵略势力又有着密切的联系，特别是在经营内容上更多地在为外国资本主义推销商品服务。

随着近代中国资本主义的兴起，中国新的阶级即无产阶级和资产阶级产生了。中国的无产阶级多集中在沿海、沿江的大中城市，受到外国资本主义、国内封建主义和资本主义的三重压迫，他们具有顽强的反抗斗争精神。

案例评析

帝国主义的侵略对中国近代经济具有双重影响，帝国主义对中国经济的全方位侵略瓦解了中国传统的自然经济。帝国主义侵略在掠夺中国人民和政府的大量财产的同时，也促使中国民族资本主义经济的兴起，但总归是弊大于利。

（节选改编自邵娜和李婧的《资本帝国主义的侵略对中国近代经济发展的影响》）

第十二章　当代中国经济发展的起点与制度选择

第一节　当代中国经济发展的初始条件

思政元素

习近平总书记指出："新时代中国特色社会主义思想，明确坚持和发展中国特色社会主义，总任务是实现社会主义现代化和中华民族伟大复兴，在全面建成小康社会的基础上，分两步走在本世纪中叶建成富强民主文明和谐美丽的社会主义现代化强国。"

案例内容

一般来说，在经济危机时期，金融和实业部门的选择往往是收缩性的，表现为银行惜贷，实业紧缩投资；政府如果顺周期调控则属"做空"，逆周期调控则是"做多"；经营者如果顺周期操作则往往追求"现金为王"而"做虚"，逆周期操作则是"做实"。总体来看，政府治理通胀的主要思路有两个：一是"做多"，二是"做实"。这两个思路在通胀最严重的上海以及全国其他城市都有鲜明的体现。

中共决策层曾经围绕要不要保上海有过不同的意见，最终决定对上海的政策取向是"做多"，而不能"做空"。上海是民国时期中国私人资本最为集中的地方，也是货币最为集中的地方。民国后期，一半以上的法定货币是由上海发出的，各地的新发行货币又大部分迅速流回上海，上海物价涨幅远高于全国平均涨幅。通胀肆虐下上海工商业陷入瘫痪状态，全市发电量从20万千瓦减至7万千瓦左右，工业生产开工率仅为正常时期的20%左右；同时物资也很匮乏，1949年5月27日上海解放时，接管的粮食只够全市半个月的消费，煤只够1周的消费，私营纱厂的存棉仅能维持1个月的生产，其他各种生产原料和消费资料，存底亦很枯薄。1949年夏天，邓小平从上海到北京向中央做工作汇报，反映上海的严峻形势："煤粮两荒。接收旧人员十五万人，工厂原料缺，运输贵，开厂难，学校多，税收少，开支大，被迫大发行。农村全部以物易物，或光洋市场。"陈云指出，上海是中国最大的城市、东方的金融中心，上海站不住，全国经济稳不住。毛泽东指示"必须维持"，也就是要求面对上海的困难，不能听任其继续恶化，必须逆周期"做多"和"做实"。

通过"做实"支撑"做多"，中共当时手里有三大武器：人民币、枪、解放区。但由于新问世的人民币基本上属于政权信用所派生的产物，对应的实物资产实际为负（财政支大于收），市场上对贵金属的接受度更高，因此上海新发行的约20亿元人民币只是浮在市面上，实际发挥货币本位作用的仍然是银元，并且银元本身也成了投机对象。在陈毅、饶漱石、邓小平、刘伯承等的主持下，1949年6月10日上海市军管会和人民政府查封了上海证券交易所大楼，逮捕了一批投机分子，同时公布《华东金银和外币管理办法》，禁止金银、外币自由流通和私相买卖，或以金银、外币计价。人民银行开始挂牌收兑金银外币。6月14日起，银行开办折实储蓄存款。这些强硬措施强制性地确立了人民币作为国家主权货币的唯一合法地位，同时把上海货币战的主战场有效集中到了实物领域。

正如陈云所说，"人心乱不乱，在城市中心是粮食，在农村主要靠纱布"；"我掌握多少，即是控制市场力量的大小"。而打物资战，毫无疑问是在长期的政党建设中坚持走群众路线的中国共产党的长项。上海的这场物资战史称"米棉之战"，意义不亚于淮海战役。中共按照市场原则来应对投机：一方面按照市场行情不断调整牌价，配合投机商抬高行情，把投机资金吸引到米棉上来，避免战线分散；另一方面，则以最大的动员能力在全国范围内集中物资，其规模达到了当时运力的极限，即从7月份一直到11月，所调集的粮食不下50亿斤，5倍于淮海战役中消耗的规模；国营中纺公司掌握的棉纱和棉布达到全国产量的一半。当按照时价，中央掌握的物资已经和市场上流通的货币量相当时，中央指挥全国各大城市统一行动，集中抛售，同时配合税收征收、紧缩银根等多种手段。虽然起初投机商仍然大量扒进平价、低价货物，甚至不惜举债买货，但从当天起，物价不仅稳定，而且稳中有降，大大出乎投机商的意料。在政府连续抛售10天后，物价下跌达30%~40%。米棉之战以人民币完胜结束，尽管货币仍然增发，但币值信用得到了强化。当然，上海可以被“做多”，也在于中国幅员辽阔，有着广大的内陆纵深优势，各地物资可以不计成本地集中来力挺上海。这是中国相对大多数发展中国家的一个比较优势。诚然，客观上，这种依靠全国支援上海的决策，远远超出了地方的决策能力，只有中央的毛泽东和陈云等人才能做到。

为避免人民币“浮在市面上沉不下去”，新政权借鉴抗战时期山东解放区和陕北边区发行和管理货币的经验，先后推行了折实储蓄、折实公债、折实工资等多种制度，努力让人民币在更多领域走进基层民众的生产和生活。这些制度创新有一个统一的特点，即不以人民币的固定票面价值作为收付依据，收和付都是以实物购买力为标准进行转换。这可以称为“浮动式”的实物联系币制。其巧妙之处在于，既用实物的购买力来支撑人民币信用，又不采用限价等币值与物资的固定锚定方式，给增发人民币预留了充分的空间；货币贬值导致的损失仍用货币增发来弥补，并不增加额外的财政负担。显然这是一个既能增加货币信用又不致使其他群体利益受损的“帕累托改进”。

1. 折实储蓄

从“米棉金融化”到“金融米棉化”，折实储蓄就是储户存、取款均按牌价折成若干“折实单位”计算，“折实单位”价格上升而出现的币值差额由银行（国家）补贴。折实储蓄是针对人们重物轻币心理开办的。这种储蓄方式在1948年由华北银行试办过。1949年4月20日，中国人民银行颁布《定期储蓄存款暂行章程》，规定开办整存整付、零存整付、整存零付、存本付息四种折实储蓄；一个“标准实物单位”为面粉1斤、玉米面（或小米）1斤、布1尺，这三种货物价格之和，其价格以当地报纸公布之物价为准，并按存取款前5日平均物价计算。由于物价上涨时折实储蓄存入与支取的牌价有很大差距，为防止商人投机，在举办初期，国家规定活期及定期1个月以下的折实储蓄只限于职工、教师等人，3个月以上的定期存款不限对象。折实储蓄随着通胀压力的缓解而退出舞台。从1950年3月开始全国物价逐渐向下滑落，并日趋稳定，天津于1950年7月1日停办折实存款业务，到1950年年底，全国停办折实存款业务。如果说，之前的恶性通货膨胀导致粮食、棉布、棉纱等被金融裹挟，即“米棉金融化”，那么，折实储蓄恰恰是反其道而行之，即“金融米棉化”。

2. 折实公债

应民族资本家主动要求而发行公债早在新中国成立前就开始酝酿了。从第一次计划到第二次落实发行时隔仅5个月，公债发行规模却增加为原计划的5倍。为了稳定金融物价，解决财政困难，1949年7月到8月，陈云主持拟定了第一次公债发行计划。这次公债发行规模为2 400亿元，占当时财政赤字的大约1/4，占拟下乡收购物资的货币的2/3左右。虽然这次公债也拟用折实办法，但由于民族资产阶级对当时发行公债尚有异议，中央决定推迟发行。但公债发行第二次提上日程则是民族资本家主动要求的。其背景是：1949年11月25日中共在各大城市统一抛售物资，当天物价开始回落；3天之后，中共就开始应各方要求讨论发行公债，并且由国家最高领导人毛泽东亲自主持会议。也许是物价下降连带打掉了私人资本投机牟利的空间，于是，民族资本家们要求政府发行公债，作为一个财富保值手段。第一期公债自1950年1月5日发行。公债之募集及还本付息，均以实物计算标准，其单位定名为“分”。每分以上海、天津、汉口、西安、广州、重庆六大城市之大米（天津为小米）6斤、面粉1.5斤、白细布4尺、煤炭16斤之平均批发价的加权平均计算。其权重为：上海45%，天津20%，汉口、广州、重庆各10%，西安5%。依当时物价计算，每分公债之值约等于12 000元人民币。第一期公债计划发行1亿分，即12 000亿元。规定公债不得用以代替货币流通，不得向银行抵押，不得用于投机买卖。这些都是老百姓的基本生活必需品，在物价上涨过程中一般都会领涨且比其他实物涨幅高。以这四种实物来计价，最有利于保护债券持有人的利益。至于这四种实物的数量配比则基于以下三方面：一是抗战前的一块银元能买到这四种实物的配比数量，二是市场成交数量之比，三是人民需要的比例，即一个人用了16斤煤，同时也需要四尺布。公债总额2亿分，于1950年年内分期发行，第一期1亿在1~3月发行。经各地努力推销，到5月初一期公债基本认缴完成。从1950年4月起，全国物价出现了下降的趋势，这是中国物价史上的转折点。公债原定发行两期，鉴于下半年财经状况好转，此外一期公债发行带来了一定的银根紧缩，部分私营工商业出现了一定的困难，政府适时停发了二期公债。

3. 折实工资

在城市确立“劳动吸纳货币”的人民币币制内涵与折实储蓄、折实公债相比，折实工资涉及的货币量最大，和日常生活联系最密切。折实标准多种多样，有时候为计算简单就都折成小米。1952年前后的工资改革所确定的标准是：每个“工资分”含粮0.8斤、白布0.2尺、食油0.05斤、盐0.02斤、煤2斤。实物的数量全国一致，而实物的具体品种各地有别。由于折实工资的1/3与公粮的实物征收直接对应，“实收实发”，不以货币为中间媒介，极大地压缩了民生物资经由市场交易而被投机炒作的空间。因此，一方面，以“工资分”为计算单位，是物价波动情况下稳定职工生活的有效措施；另一方面，一份劳动对应一份工资，对应着一份实物物资，杜绝了社会游资通过投机抬高物价、变相剥夺劳动者收入的弊端，有效地将货币流动的渠道由“投机吸纳货币”转变为“劳动吸纳货币”，从而彰显了“劳动本位”而非“财富本位”的人民币币制内涵。

总体来看，折实储蓄、折实公债和折实工资分别对应着银行、财政和实业单位三个系统，涵盖了城市市民收支的主要领域，意味着政府对城市通胀建立了相对完整的、可以通行全国的标准化做法。在农业税实粮征收和劳动者折实工资之间建立直接对应关系，极大地缩小了社会游资冲击各个交易环节而导致物价上涨的风险敞口；折实储蓄的实施，自法定货币改革以来第一次使得持有货币的财富效应由负变正，对回流社会多余资金具有重要作用；同理，折实公债也起到了减轻财政压力、回笼货币、抑制通胀的作用。据此，这些通过“去货币化”应对恶性通胀的措施，实质上抑制了“资本异化”。金融领域不忘初心地坚持“群众路线”，是建立国家金融资本的信用基础。

案例评析

1949年以后，在西方封锁致经济基本面形势更加恶化的局面下，按照现代金融学的常识，新中国走出这场通胀危机的可能性很小。事实上，通胀形势确实一度恶化，但令人关注的是，这场严重的恶性通胀却在不到一年内被彻底平复；更令人不解的是，治理通胀中不仅财政赤字压力未增，而且弥补赤字还得大量增发货币……历览古今中外，在财政赤字压力下增发货币而仍能控制币值稳定的例子少之又少。这也充分体现了中国特色社会主义的先进性和创造性。

（节选改编自温铁军、刘亚慧、唐溧和董筱丹的《土地改革与新中国主权货币的建立：建国初期“去依附”体制下的反危机经验研究》）

第二节　工业化战略与社会主义经济制度的建立

思政元素

党的十八大以来，以习近平同志为核心的党中央进一步深化对工业化规律的认识，强调推动新型工业化、信息化、城镇化、农业现代化同步发展。这既是深刻吸取国内外发展经验后的理论升华，又体现了新一轮科技革命的特点。党的十九大报告提出，加快发展先进制造业，推动互联网、大数据、人工智能和实体经济深度融合。

案例内容

毛泽东同志是我国社会主义工业化道路的奠基人和开拓者，为中国人民的解放事业和建设事业做出了不可磨灭的贡献。今天我国社会主义工业化和现代化建设取得了举世瞩目的成就，在这些成就面前，我们不能忘怀以毛泽东同志为代表的中国共产党人和人民群众作出的历史贡献。

1. 毛泽东站在民族复兴和党的历史使命的高度，首次提出社会主义工业化道路和奋斗目标

毛泽东早在抗日战争时期就指出，中国要想实现民族独立，必须要有工业化。新中国成立后，党在过渡时期提出的总路线即“一化三改造”，其中“一化”就是社会主义工业化。社会主义工业化道路和奋斗目标的首次提出，具有划时代意义。

（1）中国工业化的时代背景。

到 20 世纪中后期，绝大多数资本主义国家都基本实现了工业化。在世界掀起工业化浪潮的时候，我国还处在封闭落后状态，加之后来资本帝国主义对中国的入侵和掠夺控制，中国丧失了实现工业化的机会，致使中国工业化至少落后于西方一百多年。所以说，近代中国屡遭外国列强的凌辱，原因在于中国没有很好地发展工业，缺乏坚实的国防基础。毛泽东总结说，日本帝国主义为什么敢于这样欺负中国，就是因为中国没有强大的工业，它欺负我们的落后。

（2）社会主义工业化的历史条件。

中国工业化并不是在毛泽东时代才开始的，1840 年鸦片战争之后，中

国开始逐步沦为半殖民地半封建社会，中国人的忧患意识和民族危机意识逐步增强。民国时期中国工业化发展很慢，北洋政府搞的是军人政治，军阀混战，民不聊生，工业化发展举步维艰。国民党统治时期官僚资本的垄断腐朽，排挤压制民营工业，加上中国原有的工业遭到日本帝国主义的摧残。抗战胜利后国民党蒋介石反动派发动内战，中国工业陷入绝境。直到1953年，毛泽东在提出社会主义工业化目标时，我国的工业基础仍旧十分落后和薄弱，仅有的工业也主要是一些轻工业，比如面粉厂、纺纱厂等。新中国成立后，党和人民经过三年的努力，使国民经济得到恢复和发展。但是，我国工业生产依旧十分落后。不摆脱这种落后状况，我国就不能摆脱被动挨打的命运，经济就发展不起来，人民的生活也得不到改善。

（3）毛泽东领导全党和全国人民为实现国家工业化而奋斗的现实可能性。

近代以来中国工业化之所以实现不了，其中一个原因就是缺乏有力的领导。中国共产党执政之后，能够调动一切积极因素，团结一切可以团结的力量，全面调动和整合社会各方面的资源，为实现国家工业化而奋斗，这在中国历史上是独一无二的。在社会主义改造完成之后，我国已经消灭了私有经济，我们实行的是公有制和计划经济，不可能用市场的办法和允许剥削的形式发展工业。毛泽东正是站在民族复兴和党的历史使命的高度，提出了社会主义工业化道路，开启了中国社会主义工业化的新征程。

2. 毛泽东从国情出发，创造性地开拓出一条适合中国实际的工业化道路

（1）毛泽东开创了中国社会主义工业化优先发展重工业的道路。

重工业是以能源和原材料工业为基础、以高档耐用消费品、装备制造业、电子及电器机械工业、化学工业为主体的产业体系。毛泽东说，我们的经济建设是以重工业为中心的。优先发展重工业，应该说这是由当时我国的国情所决定的。首先，当时我国重工业基础十分薄弱，这是我国工业化要解决的主要问题。没有重工业，国家经济建设和国防建设就没有基础。毛泽东说，我们要握紧“两个拳头、坐稳一个屁股”，说的就是经济建设、国防建设和工业化三者之间的辩证关系。其次，我国国营经济已经是领导力量，计划经济体制在我国已经初步建立了，国家可以举全国之力，集中资源发展重工业。再次，由于我国国防的需要，发展国防军事工业，没有重工业是不可能的，而且国防军工需要靠本国自己去建立和发展，依赖别国的支援帮助是不现实的，所以毛泽东领导全国各族人民下决心搞我国自己的重工业。最

后，我国发展工业化，是在注重与其他行业协调发展的前提下进行的。

（2）毛泽东从我国工业化实际出发，把建立独立完整的工业体系作为工业化的具体目标和实现途径。

毛泽东既没有照搬苏联的做法，也没有照搬西方所谓工业化的路子。毛泽东主张，我国的工业化，首先要建立一个独立的完整的工业体系。要建立一个独立的比较完整的工业化体系，必须要有能提供原材料的，要有能够制造机器的，要有能够生产武器装备的，要有研发投入的等，要建立一个工业化系统，而不只是建几个工厂而已。经过几十年的努力，在毛泽东时期，我国已逐步建立起独立的、比较完整的工业体系。

（3）毛泽东十分重视我国工业化的协调发展，提出了发展工业必须同发展农业同时并举的方针。

我国是一个农业大国，农村人口占全国人口的百分之八十，发展工业必须和发展农业同时并举。在工业化协调发展方面，毛泽东还特别强调我国工业化发展要有合理的布局和良好的产业结构。他在《论十大关系》中有四个方面讲到工业化协调发展的问题，要求要处理好沿海工业和内地工业的关系、经济建设和国防建设、中央和地方的关系，以及国家、生产单位和生产者个人的关系。

（4）毛泽东强调实现工业化是一个长期的过程，必须坚持独立自主、自力更生、艰苦奋斗。

我国工业化起步晚、基础薄弱，在这样的基础上实现工业化现代化必然是长期的艰苦奋斗过程。毛泽东主张，我们的工业化一方面必须坚持独立自主，另一方面不能急于求成。社会主义工业化是中国人的工业化，我们不可能依靠外国人的支援帮助来实现我们的工业化。实现工业化现代化是个长期的过程，必须调动一切积极因素，艰苦奋斗，没有艰苦奋斗的精神，没有集体主义的精神，没有奉献的精神，中国工业化和民族复兴是不可能实现的。

3. 毛泽东开创的社会主义工业化道路在当今的指导作用

毛泽东对我国社会主义工业化道路的探索具有历史性的意义，取得了重大成就。现在学习毛泽东的工业化思想，主要是为了认真总结经验教训，为走中国特色新型工业化道路提供有益的借鉴。

（1）实现中华民族的伟大复兴，建设社会主义强大国家，是毛泽东开创的社会主义工业化道路的灵魂和基本精神。

毛泽东领导中国人民搞社会主义工业化是站在民族复兴的历史使命的高度上的。毛泽东搞工业化是在特定的时代背景、特定的历史条件和中国共产党取得政权的情况下开始的。中国社会主义工业化里面有民族精神，有国家情怀，有人民的期望。今天我国工业化和现代化所取得的新成就，离不开毛泽东时期工业化所打下的基础，也离不开人民的牺牲奉献。

（2）从国情出发，走符合中国实际的工业化路子，是毛泽东开创的社会主义工业化的主线和基本经验。

一是抓住一条主线，这就是国情。毛泽东搞工业化十分注重国情，走中国特色的工业化，毛泽东没有照搬其他国家的工业化路子。毛泽东搞工业化，坚持社会主义工业化方向，因为工业化是强国富民的工业化，是要为社会主义打下物质基础的，是要在工业化的基础上实现共同富裕的。改革开放以来，我国社会主义工业化得到了长足的发展，取得了重大成就。毛泽东提出社会主义工业化路子，是在国情基础上的重大创新，他带领中国人民走了前人没有走过的工业化路子。

案例评析

毛泽东以当时我国工业化所处的时代背景、历史基础和实现条件为依据，提出中国必须走社会主义工业化道路。从我国国情出发，领导中国人民走出了一条符合中国实际的工业化道路：以优先发展重工业为中心，把建立独立完整的工业体系作为工业化的具体目标；十分重视我国工业化的协调发展，提出了发展工业必须同发展农业同时并举的工业化方针；强调实现工业化是一个长期的过程，必须坚持独立自主、自力更生、艰苦奋斗。

（节选改编自彭本奇和崔东日的《我国社会主义工业化道路的奠基人和开拓者》）

第三节　计划经济向社会主义市场经济的转变

思政元素

2020 年“两会”期间，在全国政协经济界联组会上，有政协委员谈到，要坚持从完善市场机制出发，推动要素市场化配置。习近平总书记在听取发言后指出，党的十八届三中全会一锤定音：让市场在资源配置中起决定性作用，同时要更好发挥政府作用。经过改革实践，我们认识到，决不能不克服市场的盲目性，也不能回到计划经济的老路上去。要努力将市场的作用和政府的作用结合得更好一些，这是一个止于至善的过程。

案例内容

中国的20世纪是一个波澜壮阔的世纪，从八国联军洗劫中华大地、签订丧权辱国的《辛丑条约》到中国人民站起来；从工业积贫积弱以至于被东洋小邦肆虐了半个中国到“两弹一星”的成功。在这一幕幕大场景下，中国经济体制的变化也丝毫不逊于前者，从半殖民地、半封建主义、半资本主义的经济体制发展为新民主主义经济，再到初步建成社会主义计划经济体系，再转轨为社会主义市场经济体制。20世纪下半叶是中国经济制度变化最为剧烈的时期。20世纪50年代中国由计划与市场并存的新民主主义经济向单一公有制的计划经济体制转变，前后大约用了5年的时间，其变动之剧烈、参与人数之多、影响之深远，在整个世界经济体制变迁史上都是罕见的。随后用了20年的时间试图巩固和完善这种经济制度，其手段之激烈、教训之惨痛又是古今中外少有的。1978年以后，以邓小平为代表的中国共产党人吸取了深刻的经验教训，实行改革开放，中国又开始了由计划经济向社会主义市场经济转变的过程，其后40多年中国经济所取得的伟大成就，不仅证明了市场经济这个世界文明的成果同样适用于中国，也增强了中国人民为世界发展做出贡献的自信心。就50年代的体制变革与1978年以后的经济体制改革相比，我们可以明显看出：中国经济体制在20世纪的后50年里，经历了一个由计划与市场并存向计划经济转变，再由计划经济向社会主义市场经济转变的螺旋式发展过程。

计划经济的建立是依靠生产资料的社会主义改造来实现的，它不是在市场经济基础上自然成长和发展起来的。同样，计划经济的瓦解，或者说向市场经济的过渡，也是以打破单一公有制局面开始的。计划经济与单一公有制相互依存，或者说计划经济只能建立在单一公有制的基础之上，这是由二者本身的性质所决定的。因为计划经济的实质是国家必须能够直接控制企业和个人的经营活动。这就要求生产资料实行国有或国家能够控制的集体所有制。只有在此基础上，才能基本上排斥市场机制，建立起自上而下的、以行政管理为特征的计划经济。20世纪50年代上半期，是中国计划经济体制的形成时期。中国结束了长期战乱，实现了真正的民族独立，建立了强大、廉洁、高效的政府，并真正开始了大规模的经济建设。但是，由于抗美援朝战争的爆发，中国的国家安全受到威胁，再加上国内落后的工业和众多的人口，使得建立独立工业体系和提高财富积累率成为促进经济发展的两个重要因素。在此大背景下，强大的政府理所当然地要选择政府主导型的发展模式。这种要求与中国共产党的社会主义目标相结合，使中国走上了单一公有制和计划经济的道路。

计划经济的形成以市场失灵、国家安全、政府追求公平和高速经济增长为主要诱因，以拥有强大的政府为基础条件。除此以外，计划经济的形成主要有以下几个客观因素。

首先，落后国家的政府在工业化过程中的责任得到提升。纵观世界各国的工业化过程，无论是英、法、美等老牌资本主义国家，还是后起资本主义国家及社会主义国家，政府在工业化过程中都起到了重要的推动作用。政府在工业化过程中有两种重要作用：一是在国内通过立法和强制的手段，为资本主义经济的运行和发展提供制度保障；二是通过武力向海外扩张和掠夺，为本国的工业化提供丰富资源和广大市场。第二次世界大战以后，一大批殖民地半殖民地国家先后独立并开始了工业化进程。这些国家已经不可能靠对外掠夺来加快工业化进程，相反却因经济落后而受发达国家的经济剥削和压迫。因而这些国家既不得不主要依靠国内的积累来为工业化积聚资金，又必须通过统制对外贸易和限制外国资本来减少不平等贸易和富国的剥削。为了改变经济落后面貌及节约成本，这些国家也必须直接学习和应用国际先进的技术，还要避免工业化初始阶段因贫富差距拉大所引起的社会动荡。因此，这些国家就更加强调政府在工业化过程中的作用，以国有化和社会公平为号召的形形色色的社会主义应运而生。

其次，市场供求关系紧张，需要加强政府调控，尤其是中央政府的调控。20 世纪 50 年代前半期，总的来说，我国国民经济是在短缺中“紧运行”的。旧中国经济落后和长期战争造成的贫困、抗美援朝，以及快速恢复发展经济的决策是导致经济“紧运行”的三大因素。“紧运行”的表现是物资、资金、技术人员，在总量上，需求长期大于供给。

再次，技术赶超和规模经济的需要。新中国成立之初，工业技术水平非常落后，“一五”期间，国家重点建设的 156 项工程就是为了缩短我国工业与发达国家之间的差距。由于当时资金和技术人员有限，分散的地方政府和私人投资很难承担这种角色，因此由中央政府集中地使用投资则能满足这种需要。在农村，对于数量众多、规模小、技术落后的小农经济，也确实有改造的必要，但问题是如何改造小农经济。马克思主义设想的通过“合作化”来避免大部分小农经济的破产和痛苦，当时被认为是最好的办法，并且还有利于工业化。

然后，资金短缺和农业剩余有限。一国经济发展的快慢，从经济方面来说，与其社会剩余的多少和储蓄率的高低有很大关系。新中国成立初期，由于一百多年来帝国主义、封建主义、官僚资本主义的压迫掠夺和战争破坏，国家和人民手中的财富基本消耗殆尽，社会剩余量很少，积累很有限。在这种情况下，必然需要压低消费，提高积累率，为“一五”计划的实现提供足够的资金，高度集中的计划经济体制不失为一种见效快的办法。

最后，国际政治经济环境的影响。计划经济的形成，还与这个时期的国际环境有很大关系。国际环境的影响主要表现在以下三个方面：一是以美国为首的西方资本主义国家对我国封锁禁运。二是抗美援朝爆发以后，国防压力增大，国防费用增加。中国鉴于“落后就要挨打”的历史教训，即使出于国家安全的考虑，也必须加快重工业的发展，而这就不仅要尽可能地提高积累，而且要将这部分剩余集中在政府、甚至中央政府手中，因此，高度集权的计划经济体制就不可避免地出现了。三是在20世纪50年代，苏联是唯一愿意且能够大规模援助我国的国家，当然，苏联的援助是有前提的，那就是中国必须认同社会主义制度，站在社会主义阵营一边。同时，苏联的经济体制也决定它的援助只对中国政府，而不是私营企业。苏联的援助方式及“一五”“二五”计划的工业建设重点和布局，都促进了中国的经济体制向计划经济转变。

上述因素是促使我国在20世纪50年代选择计划经济体制的客观因素，在很大程度上促进了我国经济的发展。在当时适应了中国追求高速工业化和建立独立工业体系的需要，它具有两个市场经济体制在短期内无能为力的作用：其一，在经济落后的条件下，保证了高积累和优先快速发展重工业，建立了比较完整的、独立的工业体系和基础设施；其二，在经济落后和低积累的情况下，除了在个别非正常时期外，保证了人民的基本生活和社会安定。

但是计划经济体制并非完美无缺，随着时间的推移，其不足之处也日益明显。首先，计划管理表现为高权力和低水平，即中央政府权力和威望非常高，但是各级政府管理人员的水平却参差不齐，计划与实际相差较远，计划的多变性和随意性突出。这主要是经济落后和发展不平衡造成的。其次，计划管理明显划分为城市和农村两大块。农村这一块，由于主要是集体所有制（国营农场所占比重很低），因此国家的农业计划基本上是估计性、随意性较大的计划，既缺乏准确、可靠的统计基础，也不作为考核农村基层单位生产和效益的指标。而国家对城市经济的计划，特别是国营企事业单位的计划和基本建设计划，则受到严格控制和监督。再次，计划权力在中央与地方（“条”与“块”）之间来回摆动。中国是人口最多的大国，并且各地区之间的经济发展水平非常不平衡，加之中央集权过多，导致地方的积极性受到压抑，活力不足；但是权力下放过多，地方之间的攀比和不承担国家宏观平衡的特性又易导致混乱，如在计划经济时期，计划管理权限的划分表现为“一放就乱，一乱就收，一收就死，一死又放”这种周期性循环。最后，市场因素少于同期苏联和东欧社会主义国家。由于中国生产力水平落后和经济发展的不平衡，无论是在计划经济形成阶段还是确立以后，计划经济始终做不到铁板一块，资源严重短缺和管理成本过高使政府不得不放松控制，但是与苏联和东欧国家的计划经济相比，市场因素仍然要少得多，这主要表现在劳动力的流动、企业自主权和人民公社（集体农庄）对剩余产品的处置权方面。中国 1956 年开始的扩大市场调节范围的探索和改革，自 1957 年“反右”运动以后即停滞。虽然国民经济有一定的调整恢复，但没有达到 1956 年的程度而遭到否定。

案例评析

由于中国的计划经济不是建立在资本主义经济高度发达的基础上的，因此计划经济体制所面临的任务就不是解决生产社会化与生产资料私人占有所导致的“无政府”状态的问题，而主要是如何加快工业化，这实际上成为中国计划经济的主要目标，即解决工业化的资金问题、优先发展重工业问题、城市化问题。

（节选改编自武力的《中国计划经济的重新审视与评价》）

第十三章　当代中国农业的发展

第一节　农业经营制度

思政元素

习近平总书记高度重视“三农”工作，党的十八大以来，对做好“三农”工作提出了一系列新理念、新思想、新战略，科学回答了新时代“三农”工作的重大理论和实践问题。习近平总书记关于“三农”工作的重要论述，是习近平新时代中国特色社会主义思想的重要组成部分，是指导我国农业农村发展取得历史性成就、发生历史性变革的科学理论，也是实施乡村振兴战略、做好新时代“三农”工作的行动指南。

案例内容

1978 年后的家庭联产承包责任制改革是一个渐进的过程，经历了启动、调整和突破三个阶段。而改革之前的两年，可被称为“酝酿阶段”，中央和地方采取了很多措施，如“省委六条”，强调尊重生产队的自主权，允许生产队建立不同的生产责任制，允许和鼓励社员经营自留地和家庭副业等。1978 年 5 月，邓小平大力支持全国兴起关于真理标准问题的大讨论，积极推动思想解放。这些措施给农村带来了一股新的气息，为接下来的改革做了铺垫。

家庭联产承包责任制改革是一个自下而上的政府和农户互动的制度变迁过程。家庭联产承包责任制改革始于农民的制度变迁需求。首先，生产队体制存在着严重分配不均衡，为保证农民付出的劳动与得到的酬劳相匹配，需要对农民的劳动进行监管，然而由于农业生产时间跨度长、空间范围广的特点，对每个人的劳动进行精准的测量和监督需要极大的成本，在实践中很难实现，从而导致酬劳的发放不够公平，失去了激励作用，产生消极怠工、“吃大锅饭”“搭便车”的问题。这种集体经济的平均主义导致农民失去了生产积极性。为推进国家经济恢复和发展，中央决定将工作重点转移到经济建设上来，并认识到，作为国民经济基础的农业仍旧十分薄弱，提出要大力恢复和加快发展农业生产。

其次，效率和公平也是影响中央决策的重要因素。改革之初，我国农村仍是“人民公社”体制，实行“三级所有，队为基础”的经营管理方式，导致生产上的低效率和分配上的不公平。中央对农民的需求作出了回应，开启了强制性制度变迁。第一，中央对政策进行了积极调整。1978 年 12 月，党的十一届三中全会提出，停止使用“以阶级斗争为纲”的口号，确定“解放思想，实事求是，团结一致向前看”的指导方针，鼓励思想解放和制度创新，并提出要保护人民公社、生产大队和生产队的自主权和所有权，并建立生产责任制。第二，部分领导干部对农民的做法给予默许和支持，使得地方试验能够持续下去。

政策的松动和领导干部的默许支持，使包产到户和包干到户的做法逐渐扩散，更多农民希望能够实行包产到户和包干到户，农民对制度变迁的需求更加强烈。同时，实践的成效为改革打开了新的局面。1979 年，全国粮食产量从 1978 年的 30 476. 5 万吨增加到 33 211. 5 万吨，而采取包产到户方式更是能够大幅提高粮食产量。连年的饥荒使农民更加关心温饱，而相比之下中央的意识形态转变则较为缓慢。在实践支持和意识形态阻碍的两难处境下，中央再次对农民的需求作出了回应。一是中央进一步调整农业政策。1979 年 3 月中央农委召开七省三县农村工作座谈会，专门讨论责任制，在会议发言中，赞成包产到户的人占多数，讨论中大家的意见趋向于“要把口子开得更大一点”。1979 年 9 月，十一届四中全会通过了《中共中央关于加快农业发展若干问题的决定》，规定“不许分田单干，除某些副业生产的特殊需要和边远山区、交通不便的单家独户外，也不要包产到户”。这份文件将“分田单干”和包产到户区分开来，对包产到户的态度也从原来的“不许”变为“除某些地区外不要”，相当于撕开了一道口子，为家庭联产承包责任制改革的继续推行，提供了一个更加宽松的环境。随后，1979 年年底的中央农村工作会议通过了，允许当时农村最贫困的“三靠队”从 1980 年开始率先实行“大包干”的决议。二是更多领导人对地方试验表现出积极态度。领导干部的持续鼓励和支持给了农民信心，改革进一步向前发展。

到1980年，影响中央决策的因素发生了一定的变化。首先，决策者个人的偏好也开始在政策选择中发挥重要作用。政治决策层价值观的转变是解释制度变迁的重要因素之一，邓小平对包产到户的支持，彻底改变了强制性制度变迁的走向，并极大削弱了意识形态对中央决策的消极影响。邓小平于1980年5月发表了《关于农村政策问题》的重要讲话，明确表态支持包产到户，为全国继续推进改革增强了信心。如果没有这次讲话，包产到户很可能被再次打压下去。同时，农民对包产到户的呼声也愈加强烈。在这一阶段，中央对农民的需求作出了较以往更加有力的回应。逐步解决中央内部的矛盾。一方面，进行了一系列重要的人事变动。改革初期，由于旧意识形态的影响，中央主要领导人在包产到户问题上存在着巨大分歧，导致农村政策摇摆不定，农民对改革缺乏信心。为此，从1980年年初起，中央进行了一系列重要的人事变动，免除一些思想守旧的领导的职务，将部分积极开展农业改革的领导提拔到中央。另一方面，深入了解地方实践情况。中央组织多次较大规模的调查，如国家农委组织的大学生暑期百村调查、中国农村发展问题研究组的安徽调查、国务院农村发展研究中心组织的全国性定点取样调查等。理论工作者和实际工作者深入农村，形成了一系列有分量的报告，便于对包产到户进行理论上的澄清及解决实际问题。

再次，协调地方之间的冲突。党的十一届三中全会决议强调了地方积极性和实践检验真理标准的新思想原则，为分省决策提供了合法依据。接着，邓小平于1980年提出要进行政治体制改革，将中央的部分权力下放以加强地方政府的自主权，此后通过一系列放权让利改革和财政分灶吃饭体制的推行，地方政府逐渐形成独立的行为目标和行为模式，这一方面弱化了国家对农村社会经济活动的集中控制，另一方面使地方政府和农民有了一定的自主权。地方自主权的提高，在激励地方改革的同时，也使地方之间的差异逐渐加大。不同地方领导对于包产到户的态度不同，各地方改革的步骤、模式和进度都不同，加上历史上中央态度的频繁变动和对于家庭联产承包责任制正式规定的缺乏，使农民在本地的改革做法获得国家首肯之前，经常会担忧自己行为的合法性和自身的安全，在做长线投资之前会犹豫不决，因此各地方都想把本地的经验写进中央政策，力争让自己的模式得到全局合法化，由此导致了地区之间的分歧和冲突。此时，中央的作用便体现出来。中央通过组织专家团队实地调研、综合各地实践经验、不断沟通和谈判等，颁布了一系列循序渐进的中央文件，由松到紧逐渐形成了较为统一的生产模式，如1980年9月发布的中共中央《关于进一步加强和完善农业生产责任制的几个问题》中规定："当前，在一部分省区，在干部和群众中，对于可否实行包产到户的问题，引起了广泛的争论。为了有利于工作，有利于生产，从政策上做出相应的规定是必要的。我国多数地区集体经济是巩固的或比较巩固的；但也有一些地区，主要由于'左'倾政策或其他领导工作上的原因，集体经济没有办好，生产力水平依然很低，群众生活十分困难。根据这种情况，对于包产到户应当区别不同地区、不同社队采取不同的方针。"而对于个别对包产到户持"死堵"态度的省份，中央领导人前往地方进行宣传推广和批评教育，如胡耀邦前往河北和东北推动当地包产到户的推广，杜润生前往河北、福建、广东、山西等省宣传包产到户。

最后，通过推动思想解放更新意识形态。这一时期是意识形态转变的关键期，在中央政府和主要领导人的推动下，意识形态得以更新，向推动改革前进的方向靠拢。1980 年 1 月，邓小平发表《目前的形势和任务》的讲话，要求在农业战线上继续肃清极"左"路线的流毒。1982 年 1 月，中央发布《全国农村工作会议纪要》，第一次以中央文件的形式明确了包产到户的社会主义性质，彻底结束了长久以来关于性质的争论，从根本上将包产到户纳入了社会主义经济体制的范畴，给予了包产到户的合法性，完成了家庭联产承包责任制改革这一制度变迁中最重要的一步。

家庭联产承包责任制改革的过程是一个中央与农民不断互动的动态过程。在饥荒的诱发下，农民产生了制度变迁的需求，并自发开启诱致性制度变迁，形成实践经验向上传达给中央；中央在考虑政治和经济、效率与公平、意识形态、统治者个人偏好等多种因素后作出决策，对农民的需求作出回应，开启强制性制度变迁；而在中央的回应下，农民也会产生新的制度变迁需求和实践经验。

案例评析

改革成功的关键是国家对农民的制度变迁的需求作出了积极回应，初期给予农民探索空间，扩大制度的可选择性区间；中期与农民互动，积极主动"调适"并协调冲突，努力达成改革共识；后期从多种可能的制度安排中"择优"，进而上升、固化为正式规则并加速推广。

（节选改编自丰雷、任芷仪和张清勇的《家庭联产承包责任制改革：诱致性变迁还是强制性变迁》）

第二节 农田水利建设和科技进步

思政元素

习近平总书记高度重视农业生产工作，特别指出，“要加强高标准农田、农田水利、农业机械化等现代农业基础设施建设，提升农业科技创新水平并加快推广使用，增强粮食生产能力和防灾减灾能力”。

案例内容

根据《国务院农村税费改革工作小组关于规范和引导农民对直接受益的小型农田水利设施建设投工投劳有关政策的意见》及有关学者的定义，小农水是指灌溉面积666.7公顷（1公顷=0.01平方千米）、除涝面积2 000公顷、库容10万立方米、渠道流量每秒1立方米以下并以提、引、蓄、抽等方式提供农田灌排的水利工程，其实物形态主要包括水库、塘坝、水渠、机井、提灌站等。小农水可从规模上进一步分类：一是农户自用的微型农田水利设施（如水窖、水池、机井等）；二是规模较大农户共用农田水利设施。这里所说的小农水特指农户公用的小型农田水利设施，农户自用的小型农田水利设施不在研究范围之内。

1. 与“三农”高度关联，小农水服务于农业

农业是人类借助生物有机体的生命力，转化外部环境中的物质和能量以生产各种动植物产品、满足社会需要的生产经营活动。以种植业为例，农业生产就是绿色植物把从外部环境中获取的二氧化碳、水及矿物质，通过光合作用转化为有机物质，以供自身生长和繁殖，最后转化为粮食等农产品的过程。水是农作物生长发育必不可少的重要因素之一，农作物生长需从土壤中汲取水分，土壤水分状况直接决定着农作物的生长发育状况：土壤水分过多则涝、过少则旱，无论旱或涝都会阻碍农作物的正常生长发育，而适宜的土壤水分不仅依赖于自然降水，更依赖于人工灌溉和排水，而人工灌溉和排水的重要物质基础和手段之一，则是小农水系统。因此，农业的特殊性决定了小农水在农业生产中的特殊地位和作用：在通过人工补水或排水以满足农业生产活动对水资源需要的同时，为农业生产活动提供良好的生态环境，实现农业旱涝保收、高产稳产和可持续发展。小农水的实物形态主要是水库、塘

坝、水渠、机井、提灌站等。

从空间赋存形态看，小型水库、塘坝作为蓄水设施（通过积聚附近的雨水和泉水来灌溉农田），大多分布于技术上宜于建设的丘陵或山区等农村地区；作为水库或塘坝等储水设施附属物的水渠，是由干、支、斗、农、毛等渠系组成的灌溉网络，是把水库、塘坝之水引入田间的“输送带”，主要分布于村际或村内的农田里；机井的基本功能是抽取地下水用于农田灌溉，在那些降雨量少、地表水资源紧张的农村地区被广泛使用，多分布于田间地头以便于抽水灌溉；提灌站是一个由动力设施、水泵和泵房、进水和出水池、引水和泄水渠、输水和提水管道等构成的，从而把水从低处引至高处农田或输送至远处农田的灌排系统，主要分布在降雨量较多、地表水资源丰富、易于用地表水进行灌溉的农村地区。小农水造福于农民，原因在于：第一，小农水有助于实现农民增收。小农水良性运行可直接降低旱涝灾害的影响，增强农民抗御自然风险的能力，保障农民的稳产高产，增加农民的农业收入。小农水建设本身也可增加农民收入，政府在小农水建设中所投货币资金的一部分会因农民的投工投劳活动而转化为农民的收入。第二，小农水良性运行能够起到涵养水源和净化空气等效果，不仅为农业生产提供良好的生态环境，也为当地农民提供良好的生活环境。

2. 显著的公益性

《水利基本建设投资计划管理暂行办法》依照功能和作用把水利工程分为公益性、准公益性及经营性三类，这为小农水的准确定性奠定了基础。从基本功能和作用看，小农水具有显著的公益性。第一，小农水直接作用和服务于农业生产活动，农业的基础性决定了小农水的基础性。第二，小农水良性运行有助于实现灌溉水资源的高效利用，有助于使农业生态系统各组成部分之间在物质、能量的输出输入上处于相互适应的平衡状态，产生显著的生态效益。第三，小农水良性运行可产生显著的社会效益：一是显性社会效益，即小农水直接作用于农业生产活动而创造出可用货币计量的物质财富；二是隐性社会效益，即小农水通过作用于农业而对整个社会产生积极影响——农村及整个社会稳定、粮食安全及国家安全、农村发展及整个社会发展等。小农水的基础性及其运行所产生的生态效益和社会效益使其具有显著的公益性——小农水有效运行的受益者并不仅是农民，还是整个社会及其每个成员。

3. 运行的系统性

系统是指相互作用、相互依赖的若干部分或要素结合而成的具有一定结构和特定功能的有机整体，具有整体性、层次性和开放性三个基本特征。从运行过程看，小农水也是一个系统。第一，小农水具有整体性。小农水运行系统由“建”“管”“用”三个环节构成，三个环节相互依存、缺一不可。第二，小农水具有层次性，即小农水运行中的“建”“管”“用”处于不同的阶段和层次上，发挥着不同的功能。第三，小农水具有开放性。小农水运行系统存在于自然、经济、社会、制度、文化等环境之中，并与之进行物质、能量及信息的交换和互动。例如，我国改革开放前后的经济环境、社会环境、制度环境及文化环境不同，对小农水系统运行的影响也明显不同；反过来，小农水系统的运行又会通过直接影响农业生产系统而对其外部的经济环境、社会环境、制度环境、文化环境乃至自然环境产生直接或间接的影响；小农水系统运行的开放性还同时表现为“建”“管”“用”各子系统之间的横向关联性，因为就其中任何一个子系统而言，其他子系统都是其外部环境因素。

案例评析

小型农田水利设施具有与“三农”高度关联的自然属性、显著的公益性及运行的系统性。小农水运行的内在机理在于小农水运行与制度环境之间、“建”“管”“用”之间、“建”“管”“用”各环节内部不同治理主体之间的有机衔接和良性互动。小农水为我国粮食十六连丰奠定了坚实基础。

（节选改编自杜威漩的《小型农田水利设施治理结构：豫省例证》）

第三节　农业发展的成就和问题

思政元素

习近平总书记在不同场合中，许多次强调“三农”工作的重要性，“重农固本，是安民之基”，“农村改革是全面深化改革的重要组成部分，做好‘三农’工作，关键在于向改革要活力”，“农村要发展，根本要依靠亿万农民”。

案例内容

新中国成立以来，从农业是国民经济基础，到“三农”是党的工作重中之重的地位转变，从品种改良到育种产业化等农业科技进步，从合作化到家庭经营及放开农产品市场等组织制度创新，再到农村土地制度“三权分置”改革，国人进行了艰苦探索，农业发展虽然经历了曲折探索，但成就举世瞩目，特别是改革开放后中国农业更是创造了奇迹。

自古以来，吃饭问题始终困扰着国人。在历史上，我国是一个饥馑国家。新中国成立后，确保国人有饭吃这个难题并没有很快得到有效解决。国家要建设，人口在增长，城市在扩大，怎么解决中国人吃饭的问题？提高粮食价格，消费者负担太重、财政补贴没有实力，进口粮食遭遇国际禁运和外汇制掣，不得不采取粮食等物资的统购统销和派购。凭票供应，排长队和“走后门”购买短缺农产品是普通老百姓生活中必不可少的组成部分。改革开放后，各地在不断推行家庭联产承包责任制的同时，国家大幅度提高粮食收购价格，加快先进农业科学技术的推广应用，粮食等重要农产品迅速增产，1983 年全国首次出现农民普遍卖粮难的现象。1985 年，农村改革由土地制度二权分制改革，转到了粮食价格形成机制和收购制度改革上来，具体做法主要是推行粮食合同定购，更多地允许市场价格机制发挥作用，从而形成了政府干预价和市场价共存的格局。1992 年全国放开粮食消费市场，粮票退出历史舞台。2004 年全国放开粮食收购市场，对农民实施直接补贴政策。

新中国成立以来，随着农业现代化不断推进，中国农业在世界上的地位由弱小产业变成了世界第一大产业。特别是党的十八大以来，我国从农业大国进一步迈向农业强国。粮食等农产品由短缺到极大丰富，由饥馑、荒年不断，到解决温饱问题。新中国成立以来，粮食总产量由 1949 年的 1. 1 亿吨，增加到改革开放初的 3 亿吨，目前已经达到了 6. 6 亿吨。72 年来，农业的发展，克服了土地等资源不足的矛盾，用不到世界 9%的耕地养活了世界近 20%人口。我国的粮食等多种农产品产量持续稳居世界第一。老百姓吃饭穿衣的需求得到满足，反映了我国农产品生产的扩大和品种的丰富。不仅如此，还有越来越多的城里人到农村去采摘新鲜农产品、种植农产品，体验农村生活，农业发展还具有了休闲、康养等功能。从温饱不足的农业弱国到建成全面小康社会，人民物质生活水平持续提高，食物消费结构不断升级，这最能反映 72 年来中国农业发展的巨大成就。

2018 年中美经贸摩擦发生，我国对进口美国农产品进行反制，彻底扭转了新中国成立初期想进口粮食但没有条件进口的困局。这底气从何而来？来源于我国农业的发展，不仅让我国从根本解决了粮食等农产品供给的难题，而且还开展了国际合作，向世界宣传中国的农业发展成果及科技与经验。历史上，中国农民种田养殖主要靠自己留种，农作物单产水平低，牲畜繁殖和生长速度极其缓慢，农民种田养殖全靠经验。新中国成立之初，粮食亩产大约只有 100 多千克，农民有牛养都很“奢侈”，农业科技水平极其落后。如今农民再也不需要自己留种，作物种子和动物繁育实现了产业化，粮食亩产最高的已经超过 1 000 千克，优良品种已经基本普及，农业科技的作用日益增强。生物技术、信息技术、工程技术等广泛应用于农业，传统农业加快向现代农业转变。

新中国成立前，农业十年九灾，不是洪涝就是干旱，农民损失惨重。新中国成立后，长江、黄河和淮河等流域的农业生产也时常遭受水患。如今虽然不能说我国的农业彻底摆脱了靠天吃饭的局面，但完全可以说，长期的江河大坝等重大工程建设和水库水渠及农田灌溉建设使我国粮食亩产最高已经超过 1 000 千克。滴灌喷灌和水肥一体化正在替代过去的大水漫灌等粗放的劳作方式。设施农业的发展还保证了一年四季农民都可以根据市场需求生产适销对路的农产品。新中国成立 72 年来，随着农业生产力发展水平的变化，及时调整生产关系，改革开放后推行家庭承包责任制，如今深入巩固完善农村基本经营制度，坚持农民土地承包关系长久不变，确立土地“三权分置”，激活农村土地经营权，土地流转有序运行。新型农业经营主体不断培育，农业适度规模经营在资金、技术、人才、信息和管理方面的优势得以进一步发挥，农业社会化服务加快发展，现代农业建设进程加快推进。

新中国成立后的相当长时期内，为了保障国家建设需要，国家对粮食等农产品实行统派购制度，通过工农产品价格剪刀差为工业化积累了大量资金。随着国力的增强，进入 21 世纪后我国不失时机地确定了以工补农的方针，结束了 2 600 多年的农民交“皇粮国税”的历史，建立了农业补贴制度，惠农强农富农政策成为新时代中国农业发展的重要动力。72 年来中国农业的发展是实实在在的，是极不平凡的，每个人都能体会到感受到。72 年来中国农业的发展，有效地改善了国人生活，必将为中国建成现代化强国提供有力支撑。72 年来中国农业的发展，促进了城乡关系和工农关系的不断调整。为了保障城市粮食等重要农产品供给，新中国成立后，国家构建了城乡二元经济结构，大量农民被束缚在农村；改革后，打破城乡分割，大量农民工进城，建立居民户口制度，农民市民化进程加快。更为重要的是，从城乡统筹，到城乡一体化，再到城乡融合发展体制机制的建立，城乡要素更加合理双向流动，城乡公共服务均等化正在逐步实现。

毋庸讳言，我国农业基础仍然薄弱，农产品供求结构性不平衡的问题并没有完全解决，要素配置不合理问题仍然突出，农产品生产的波动、农民增产增收的矛盾，农产品国际竞争力不强等问题更不能忽视。展望未来，优先发展农业农村已经成为乡村振兴战略的总方针。随着农业供给侧结构性改革的深入推进，农业高质量发展一定会不断取得新成效。过去中国为了解决农产品短缺问题，过度开发农业土地资源，滥用化肥农药，虽然让中国人不再缺衣少食，但也带来了严重的资源环境问题。农业发展不能顾此失彼，农业要走可持续发展道路，不能与子孙后代争饭吃。

新中国成立 72 年，农业发展成就举世瞩目，在不断探索中解决了一个又一个农业难题，特别是改革开放后中国农业创造了世界奇迹，彻底扭转了国人长期缺衣少食的落后局面。党的十八大以来，农业高质量发展不断推进，农业大国正在走向农业强国，对经济社会稳定发展的全局支撑作用更加突出。

案例评析

国以民为本，民以衣食为本。新中国成立 72 年，农业发展成就举世瞩目，在不断探索中解决了一个又一个农业难题。特别是改革开放后中国农业创造了世界奇迹，彻底扭转了国人长期缺衣少食的落后局面。

（节选改编自李国祥的《70 年中国农业发展成就巨大》）

第十四章　当代中国工业的发展

第一节　所有制结构和经营管理体制的演变

思政元素

2018 年 6 月 13 日上午，在山东考察的习近平总书记来到万华烟台工业园。得知企业走出一条引进、消化、吸收、再创新直至自主创造的道路，技术创新能力从无到有、从弱到强，成为行业领军者，习近平总书记十分高兴地说：“回顾你们这个历程，一路走得很好，虽然是一个艰辛创业之路，但是很成功。之所以取得成功，我的一个体会就是走了自主创新之路。没有不可能的事情，就要有这么一股劲儿，正像屈原讲的‘路漫漫其修远兮，吾将上下而求索’。谁说国企搞不好？要搞好就一定要改革，抱残守缺不行，改革能成功，就能变成现代企业。希望大家再接再厉，一鼓作气，一气呵成，一以贯之，朝着你们既定的目标奋勇直前。”

案例内容

国企改革自 20 世纪 80 年代初启动，先后经历了利改税、承包经营责任制、公司制改造三个阶段，目前改革已进入攻坚期。如何推动国企改革攻坚？习近平总书记在 2018 年 12 月召开的中央经济工作会议上强调“积极推进混合所有制改革”。

在现代经济学里，财产所有权与产权是两个不同的概念，所有权是法权，指的是财产归属；而产权则是指除了归属权之外的其他三项权利：使用权、收益分享权与转让权。今天人们之所以将所有权与产权混为一谈，其实也是事出有因的。在人类社会早期，所有权与产权是融为一体的，若某人对某财产拥有所有权，也就同时拥有了产权，不过这是早期的情形。今非昔比，当借贷资本与现代公司产生后，所有权与产权就分离了，典型的例子是银行。银行的信贷资金主要来自储户存款，资金所有权仍然属于储户，既然资金的所有权是储户的，银行发放贷款为何可以不征得储户同意？原因是银行通过支付利息从储户那里购得了资金产权。在这里，所有权与产权已经实行了分离。产权源自所有权，但也可独立于所有权。从这个角度看，所谓明晰产权并非改变所有权，而是明确财产的使用权、收益权和转让权。由此可见，明晰产权与所有权是否私有无关。财产无论公有私有，所有权清晰并不等于产权也清晰。例如，张三与李四相邻而居，北边的院子是张三的私产，南边的院子是李四的私产。有一天，张三在自家院子里焚烧垃圾，北风将烟尘刮进李四的院子，起初李四好言劝阻，可张三置若罔闻，结果两人大打出手。为何如此？原因是产权不清晰。当初张三建房时，法律并没规定在院子里不能烧垃圾；而李四建房时，法律也没承诺他有不受污染的权利。可见，南北两个院子虽分别是张三和李四的私产，所有权很清晰，但产权并不清晰。产权不清晰，会引起相关当事人的摩擦，要避免摩擦就必须明晰产权，这就带出了第二个问题：产权应该如何界定？科斯定理指出："若交易费用为零，产权界定清晰，无论产权界定给谁皆不影响经济的效率。"这里所谓的交易费用，是指利益各方为达成某项交易而产生的协调费用，如用于谈判、通信方面的花费、调解纠纷的行政费用或法律诉讼费用等。总之，除生产费用之外的一切费用，都统称为交易费用。

如果科斯定理的假设前提成立，推论肯定也成立。按照科斯定理，政府若明确居民有不受污染的权利，企业就得在烟囱上安除尘器，减少污染；若明确企业有排烟的权利，居民就得为企业安除尘器。倘若此，政府无论将权利界定给谁，污染问题皆能得到解决。然而问题在于，交易费用为零只是个理论假设，真实生活中不可能存在。还是上面的例子，假如政府把产权界定给工厂，居民花钱给工厂安除尘器，可工厂负责人可能说，安除尘器会影响正常生产，得给我们一些好处费，于是就产生了交易费用，若交易费用过高，后果有两个：一是维持现状，居民继续受污染；二是居民不堪忍受，到工厂寻衅滋事。一旦有了交易费用，产权界定必受交易费用的约束。当下政府之所以要求企业节能减排，从产权角度看，实际就是限制企业的排污权，而把不受污染的权利界定给居民。政府这样做一方面是保护环境，另一方面也是考虑了交易费用，因为把产权界定给居民产生的交易费用比把产权界定给工厂产生的交易费用要低得多。

所以，第一，产权有别于所有权，明晰产权不等于要改变所有权。第二，公有制产权不清晰，私有制产权也同样不清晰，因此产权改革未必要搞私有化。第三，产权包含使用权、收益权、转让权，明晰产权就是要将此三权予以界定。第四，产权作何种安排，最终应以节约交易费用为依据。

经济学研究行为选择通常要运用“需求定律”。需求定律的一般含义是，人类所有行为选择皆服从特定约束下的利益最大化。将“产权”作为约束条件，便可推断出在不同产权结构下企业行为选择的一般规律。在展开分析之前，还需对“利益”与“最大化”两个概念做解释。顾名思义，利益要比利润的外延更宽，利益不仅指利润也指非经济收益。利润最大化是利益最大化，但不能反过来说利益最大化就是利润最大化。人们面临约束不同，追求最大化的目标就会不同。经济学讲的最大化，是指以最小成本获取最大收益（利益）：收益一定，成本越低越好；成本一定，收益越高越好。这就是说，最大化要从成本与收益两个维度去考量，既不能只考虑收益而不计成本，也不能只考虑成本而无视收益。产权不同于所有权，所有权是财产的法定归属权，产权指使用、转让与收益分享权。若把转让也看作一种使用方式，那么产权则是使用权加收益分享权。所谓产权安排或产权结构，具体可以有四种组合。

组合一：有使用权，也有收益分享权。

组合二：有使用权，无收益分享权。

组合三：无使用权，但有收益分享权。

组合四：无使用权，也无收益分享权。

以上是产权结构的四种组合。这里要提点的是，若说某人（机构）对某资产有使用权，表明他使用该资产就是花费自己的成本；若说某人拥有收益分享权，表明他是在为自己办事。这样根据上面四种组合便可推导出花钱与办事的四种类型：组合一是花自己的钱办自己的事；组合二是花自己的钱办别人的事；组合三是花别人的钱办自己的事；组合四是花别人的钱办别人的事。

有了上面的转换，我们便可用需求定律推断人类行为的规律。最大化是以最小成本获取最大收益，基于此，便有以下四点推论。

推论一：花自己的钱办自己的事，既讲节约又讲效果。

推论二：花自己的钱办别人的事，只讲节约不讲效果。

推论三：花别人的钱办自己的事，只讲效果不讲节约。

推论四：花别人的钱办别人的事，既不讲节约也不讲效果。

以上推论对国企改革的启示主要有两点：第一，对所有权与产权可以分离的企业，政府最好将使用权与收益权一并界定，让企业既讲节约又讲效果；第二，如果由于特殊原因不能将使用权与收益权完全界定给企业，那么政府就得有严格的监督，否则不讲节约或者不讲效果的事将难以避免。

根据以上分析，推动国企改革攻坚的可取办法，是引入非公资本“花自己钱办自己事”的机制，并通过混合所有制改革实行投资主体多元化；完善企业法人治理结构，把“混”资本与“混”机制结合起来。从改革角度，应按“功能”分，政府之所以办国企，说到底是它具有其他非公企业不能替代的功能。

一般地讲，企业的功能就是创造就业机会与税收，但国企要特殊些。关于市场经济下的政府职能，学界一致的看法是四项：保卫国家安全、维护社会公正、提供公共产品（服务）及扶贫。国企特殊就特殊在它要承担部分政府职能。党的十五届四中全会通过的《关于国有企业改革和发展若干重大问题的决定》（简称《决定》）强调，国企改革要有进有退，有所为有所不为。国企往哪里进?《决定》讲得很明确，有三大产业：一是国家安全产业，二是自然垄断产业，三是公共品与公共服务产业。让国企进入此三大产业是政府办国企的目的所在。明确了国企的定位，改革分类其实也就跟着明确了。大致可以分四类：第一类是国防军工企业，第二类是资源型企业，第三类是提供公共品与服务的企业，第四类是一般竞争性企业。对照政府职能，第四类企业显然非政府职能所需。而之所以将其列入，一是它客观存在且为数不少，二是考虑改革不能留死角。

第一类，国防军工企业。由于此类企业事关国家安全，特别是那些拥有核心技术的企业，毫无疑问必须由国家独资，旁人不能参股；而与军工相关的零配件生产企业，可允许非公资本加入，但也得由国家绝对控股。这并不是说军工企业无需改革，改革还得改，但改革并非只有“混合所有”一途，军工企业改革的重点是完善内部分配机制，强化对管理层与员工的激励与约束。

第二类，资源（能源）型企业。此类企业虽与军工企业不同，但也关乎国家的经济命脉与生态保护，故此类企业为完善治理结构，投资主体可多元化，实行混合所有，但前提是国家要绝对控股。改革的关键是，公司董事会构成要按出资比例定，而经理人员一律由董事会招聘。这是说，对国有绝对控股企业国资委今后只需选派董事、董事长，不得再任命总经理、副总经理。

第三类，提供公共品（服务）的企业。由于公共品的消费不排他，市场对公共品又难以定价，因此公共品的生产民营企业通常不会投资。而既然是公共品，公众有需求，政府提供就义不容辞。所以公共品通常得由国家投资的企业提供。参照国际经验，此类国企改革有两个重点：一是建立由社会公众参与的企业考评机制，并将考评结果作为高管层任免的重要依据；二是通过招标委托非公企业生产，然后政府订购，再提供给公众。

第四类，一般竞争性国企。一般竞争性国企并非政府职能所需，下一步应加大这类企业的改革力度。总的原则是“有所不为”，当然不是要求其完全从竞争性领域退出，但国资的比重应降低，分两种情况：现有的高新技术与支柱产业的企业，国家可相对控股，无需绝对控股；除此之外，所有其他竞争性企业国家仍可持股，但不应再持大股，不然国企拿着大股不放，大多民间资本是不会入股的。

案例评析

国企改革目前已进入攻坚期，习近平总书记在 2018 年 12 月召开的中央经济工作会议上强调“积极推进混合所有制改革”。经过多年改革探索，国有企业已经普遍实行所有权与经营权分离，普遍实现了提质增效。

（节选改编自王东京的《国企改革攻坚的路径选择与操作思路》）

第二节　工业经济的发展与波动

思政元素

2019 年 9 月 17 日，习近平总书记来到郑州煤矿机械集团股份有限公司考察调研。在听取了企业改革发展、自主创新等情况后，习近平强调：“中国必须搞实体经济，制造业是实体经济的重要基础，自力更生是我们奋斗的基点。我们现在制造业规模是世界上最大的，但要继续攀登，靠创新驱动来实现转型升级，通过技术创新、产业创新，在产业链上不断由中低端迈向中高端。一定要把我国制造业搞上去，把实体经济搞上去，扎扎实实实现‘两个一百年’奋斗目标。”

案例内容

习近平总书记在党的十九大报告中指出，中国经济已由高速增长阶段转向高质量发展阶段，正处在转变发展方式、优化经济结构、转换增长动力的攻关期，必须坚持质量第一、效益优先，以供给侧结构性改革为主线，推动经济发展质量变革、效率变革、动力变革，提高全要素生产率，着力加快建设实体经济、科技创新、现代金融、人力资源协同发展的产业体系。推动中国经济高质量发展，是建设中国特色社会主义的根本要求，是建设现代化经济体系的重要内容，也是贯彻落实新发展理念的核心要义。中国仍处于工业化后期阶段。制造业是立国之本、兴国之器、强国之基，是工业经济的主体、国民经济的基础、服务经济的支撑，是构建现代产业体系的重要基础，也是国家竞争力最为直观的体现。

2018 年年底召开的中央经济工作会议提出，2019 年重点工作安排中的第一项任务就是推动制造业高质量发展、坚定不移建设制造强国，这凸显了党和国家对于发展制造业的决心和态度。实现制造业高质量发展，是加快实体经济发展、构建现代化产业体系和现代化经济体系、实现经济高质量发展的前提和基础。新工业革命的蓬勃兴起、新一代信息网络技术的扩散与应用、数字经济的快速扩张和制造业智能化发展，为实现制造业高质量发展提供了前所未有的战略机遇。改革开放以来，中国制造业经过几十年的持续快速发展，已经建成了门类齐全、独立完整、实力雄厚的制造体系，产出规模跃居世界第一，创新能力不断增强，支撑中国成为具有全球影响力的第二大经济体。中国是制造业大国，但仍非制造业强国，需要通过推动高质量发展实现由大变强的历史性跨越。新时代中国制造业实现高质量发展的必要性与紧迫性，主要有以下五点。

1. 中国特色社会主义进入新时代的必然要求

随着中国经济发展进入新时代，增速放缓、结构优化、动能转换、效益提升成为当前经济运行的基本特征，高质量发展也成为中国经济发展的时代主题。推进高质量发展，是中国特色社会主义进入新时代的根本要求，是当前和今后一个时期确定发展思路、制定经济政策、实施宏观调控的基本准则。中国特色社会主义进入新时代，中国制造业也应进入高质量发展的新阶段，只有实现制造业高质量发展，才有可能实现经济高质量发展，推动中国经济跨越转变发展方式、优化经济结构、转换增长动力的攻关期，顺利实现“两个一百年”的奋斗目标；只有实现制造业高质量发展，才能缓解中国面临的环境和资源压力，改善和提高生态环境、人居环境和社会文明程度；只有实现制造业高质量发展，才能突破发展瓶颈、创新发展优势、变革发展动力，从而实现经济持续增长；只有实现制造业高质量发展，才能加快制造业转型升级和新旧动能转换，推动实体经济发展方式转变、产业结构优化、增长动力转换，提高制造业发展质量和效益，加快建设制造强国，为实现中华民族伟大复兴的中国梦提供有力保障。

2. 制造业自身实现可持续发展的迫切需要

高质量发展能够破解制约中国制造业可持续发展的外在制约和内在矛盾。中国制造业从面临的要素、资源、环境等方面的外在制约因素可以看出，要想实现可持续发展，亟须通过转型升级走上高质量发展之路。基于可持续发展的制造业转型升级路径包括：由传统制造向智能化制造转型，由粗放型制造向质量效益型制造转型，由资源消耗型和环境污染型制造向绿色制造转型，由技术跟随型制造向自主研发创新型制造转型，由生产型制造向服务型制造转型。中国制造业从面临的总量与质量、速度与效益、结构与活力等内在矛盾看，也需要转变发展模式和发展方式，走高质量发展之路。受世界宏观经济形势低迷、国内制造行业产能过剩、要素成本上涨、资源环境约束和国际直接投资（FDI）外流等因素的影响，中国制造业出现供需失衡的局面。制造业产品面临的短期需求不足只是表象，供需错配、中长期供给质量不高，才是当前中国制造业面临的实质问题。加快实施供给侧结构性改革，推动制造业高质量发展，是解决中国制造业中长期供给质量不高的治本之策。制造业高质量发展，可以打破资源刚性约束，提高制造业增长质量，改善产业发展与自然环境之间的关系，形成制造业与生产性服务业良性互动的局面，实现产业可持续、生态可持续、经济可持续、社会可持续的有机统一。推进制造业高质量发展，能够使企业经营主体成为技术创新主体、资源节约主体和环境保护主体，将短期收益与长期收益、短期目标与长期目标有机结合起来，将资源利用和环境成本引入到生产制造和技术创新之中，推行绿色化制造、生态化管理和循环化控制，最终实现制造业的可持续发展。

3. 推进“深度工业化”的基本路径

中国工业化进程进入了工业化后期，需要推进“深度工业化”，制造业“高新化”发展是“深度工业化”的重要内容。“深度工业化”就是在基本实现工业化的基础上，推进信息化与工业化深度融合，提升工业化水平和质量，增强工业经济对国民经济的支撑力。与“去工业化”相反，“深度工业化”的主要目标是在工业化的基础上加快工业转型升级和提质增效，推动先进制造业与现代服务业深度融合发展，提升制造业在国际分工体系中的地位，推动制造业迈向全球价值链的中高端。“深度工业化”的过程是促进工业化、信息化、城镇化、农业现代化同步发展的过程，其中信息化与工业化深度融合是“深度工业化”的重要引擎。中国制造业虽然总量规模已经居于世界第一，但人均规模不到美国的 1/3、德国和日本的 1/4，中国目前尚未真正完全实现工业化。在工业化发展不平衡不充分的前提下，工业增加值和就业比重快速下降，呈现出“过度去工业化”特征，不利于中国经济实现持续稳定的中高速增长。在工业化进程还没有最终完成的情况下，中国更需要通过推动制造业高质量发展，实现“深度工业化”。

4. 应对新工业革命挑战的现实选择

随着新工业革命时代的来临和新一代信息技术的突破和扩散，柔性制造、智能制造、服务型制造、工业互联网、物联网、3D 打印、大规模个性化订制、全生命周期管理等，都对制造业的传统发展理念、发展方式、发展模式产生了颠覆性、革命性的影响，并将重塑全球制造业发展格局。新工业革命正在颠覆几乎所有国家的所有行业，其蕴含的希望和潜在危机超过以往任何一次工业革命。新工业革命的主要特征是各项技术的融合，是由互联网与大数据、云计算、物联网、移动互联网、人工智能等技术所驱动的社会生产方式和生活方式的变革。为应对新工业革命挑战，世界主要发达国家先后制定和实施了再工业化战略与制造业振兴计划，以抢占制造业中高端环节和先进制造业的制高点。美国先后制定了“再工业化战略”“制造业复兴计划”“先进制造业伙伴计划”“重整美国制造业框架”等战略规划，推动制造业的回归和复兴；德国抛出了“工业 4. 0”发展规划、“2020 德国高科技战略”和“德国工业战略 2030”，加快制造业数字化、网络化和智能化进程；日本开始实施“制造业再兴战略”和“日本制造业竞争力策略”，以巩固其制造业强国地位；韩国制定了“制造业新增长动力战略”，走上创新驱动之路；法国提出了“新工业法国战略”，重振法国实体经济。新兴发展中国家也先后出台了加快制造业发展的规划和战略，以要素成本优势抢占制造业中低端市场。印度出台了“制造业国家战略”，目标直指“与中国竞争全球制造业中心的地位”；巴西成立了“国家工业发展理事会”，公布了“工业强国计划”，推行制造业减税政策，加快企业重组和制造业调整步伐。随着这些不同版本的制造业发展战略的实施，全球制造业格局面临重大调整，国际竞争将更趋激烈。作为世界制造业第一大国，中国必须抓住这次科技和产业革命的历史机遇，大力提高制造业发展质量，加快建设制造业强国。

5. 顺应世界制造业发展趋势的主动作为

进入 21 世纪以来，中国制造业发展的外部环境发生了深刻变化。一方面，新工业革命对人类的技术创新、发展理念、经济体制和社会结构产生了显著影响，也推动了全球制造业发展环境、发展趋势和发展格局的深刻变化，世界制造业出现智能化、服务化、绿色化、高端化和国际化等发展新趋势，制造业格局正随着世界科技变革和产业迁移进行重新布局和调整。新工业革命及其驱动的制造业发展趋势与格局变动，使得中国制造业面临的国内外环境发生了深刻变化。另一方面，为了应对新工业革命挑战，世界各主要发达国家相继实施了制造业振兴计划，发展中国家加快了工业化进程，发达国家的“再工业化”与发展中国家的工业化相互叠加，对中国制造业形成了“双向挤压”。世界银行的一份报告指出，约有 15 个大型新兴市场经济体将形成全球制造业的下一梯队，这些经济体包括印度、印度尼西亚、越南、马来西亚、巴西、墨西哥、菲律宾、阿根廷、泰国、土耳其等。显然，这些国家对中国制造业的发展将产生一种替代效应，形成竞争压力。为适应制造业发展出现的新趋势和国际竞争环境的变化，中国需要通过创新驱动、智能转型、强化基础、绿色发展和融合提升，推动制造业转型升级、提质增效，进而迈向全球价值链的中高端环节，实现制造业高质量发展，进而推动中国从制造大国向制造强国转变。

案例评析

推动制造业高质量发展是加快实体经济发展、构建现代化经济体系、实现经济高质量发展的前提和基础。实现制造业高质量发展需要破除惯性思维、转变发展思路、转换发展动力，推动发展路径转轨和发展模式转型，实现速度、质量、效益的协调统一。

（节选改编自余东华的《制造业高质量发展的内涵、路径与动力机制》）

第三节　产业结构演进与技术进步

思政元素

2018 年 11 月 1 日，习近平总书记在民营企业座谈会上强调：“营造公平竞争环境。要打破各种各样的‘卷帘门’‘玻璃门’‘旋转门’，在市场准入、审批许可、经营运行、招投标、军民融合等方面，为民营企业打造公平竞争环境，给民营企业发展创造充足市场空间。要鼓励民营企业参与国有企业改革。要推进产业政策由差异化、选择性向普惠化、功能性转变，清理违反公平、开放、透明市场规则的政策文件，推进反垄断、反不正当竞争执法。”

案例内容

我国自改革开放以来，产业政策在推动经济发展的过程中发挥了重要作用。当前，我国经济发展已经转向高质量发展阶段。在这一阶段，产业政策依然重要，但产业政策要发生相应的转变，需要实施更为精准和智慧的新产业政策。

根据“微笑曲线”，自20世纪90年代以来，随着经济全球化和离岸外包的迅猛发展，以产业价值链分工为特征的新国际分工出现了：发达国家掌控产业的价值链高端，而发展中国家则处于价值链低端。与20世纪70年代相比，21世纪产业价值链高端与低端之间附加值的差距急剧拉大了。以工业价值链为例，制造和组装阶段属于价值链低端，价值链高端属于制造和组装之前和之后的阶段。在价值链分工出现之前，以整个产业作为政策实施对象的传统产业政策也能获得价值链高端的高附加值，这是日本和韩国产业成功的原因。但在价值链分工出现后，这种以产业部门为政策实施对象的产业政策不再有效。因此，在全球价值链分工的今天，我国以整个产业作为对象的传统产业政策（包括支持战略性新兴产业发展的产业政策），实际上就变成了支持本土企业从价值链低端参与新国际分工。在这种情况下，由于企业进入的是附加值越来越低的环节，传统产业政策最终会导致产能过剩的出现。

但不能因此对传统产业政策的作用一概否定，因为它毕竟为我国奠定了世界上门类最齐全的制造业基础，解决了“有没有”的问题，也为我们现在解决“好不好”的问题奠定了基础。习近平总书记指出，高质量发展就是体现新发展理念的发展，是经济发展从“有没有”转向“好不好”。那么，什么样的产业政策才能适应我国高质量发展阶段的需要，从而解决“好不好”的问题呢？显而易见，高质量发展阶段的产业政策或者说新产业政策，应该以支持高质量经济活动为目标。

首先，新产业政策扶植和支持的对象应集中在价值链高端，再也不能像传统产业政策那样笼统地将产业作为政策实施的对象，更不能将价值链低端的产业作为产业政策实施的重点。新产业政策的实施对象不再是传统意义上的产业部门，而是以全球价值链的特定活动和生产组织的战略定位为中心。

从“微笑曲线”看，发展中国家的经济“追赶”就表现为从价值链低端向高端的“转型升级”，这意味着我国过去以产业为轴心的传统产业政策将逐步转向以“价值链”为重点的产业政策。这是新产业政策的第一个内涵。

其次，新产业政策的重点是包括研发政策在内的创新政策，并以掌握和广泛推广自主核心技术为核心，因此比传统产业政策更为重视创新，这是“新产业政策”的第二个内涵。在这方面习近平总书记有很多论述，例如，“抓住了创新，就抓住了牵动经济社会发展全局的‘牛鼻子’”，“只有把核心技术掌握在自己手中，才能真正掌握竞争和发展的主动权”。从“微笑曲线”的三个阶段可以看出，制造前阶段与新技术、新工艺、研发、创新有关；而制造阶段基本上是以要素投入为主，这是我国传统产业政策实施的对象；而制造后的阶段则主要是由市场导向的企业和消费者所支配。新产业政策应该主要集中在制造前的阶段，因为在以价值链分工为特征的新国际分工时代，对于一国的国际竞争力来说，新技术特别是核心技术是最重要并可能是唯一重要的因素。党的十九大报告指出，“创新是引领发展的第一动力”，当然它也是我国高质量发展阶段的第一驱动力。值得指出的，创新和掌握核心技术离不开创新的商业化，因此，新产业政策并非只集中在制造前阶段，它同样可以在制造后阶段发挥重要作用，如通过政府创新采购及创新商业化的支持措施加快我国攻克并广泛采用自主核心技术。

最后，高质量发展阶段仍然要求在价值链制造阶段实施产业政策，支持价值链制造阶段的高质量发展，并从根本上解决我国环境和生态友好发展的问题，这是新产业政策的第三个内涵。许多人将价值链制造阶段笼统地看作“低质量经济活动”，造成这种误解的重要原因之一，是世界上绝大多数国家包括我国过去基本上都依靠要素投入从事制造活动。这种粗放式的制造活动导致了我国在许多传统工业上虽然也处在价值链高端，但却因产品的性能不够好、寿命不够长而成为低端产品，原因就在于我国制造活动的“三基”（机械基础件、基础制造工艺和基础材料）不过关。为此，新的产业政策在价值链的制造阶段可以大有作为，那就是要致力于攻克“三基”难题，推动企业提高制造工艺水平，协助企业改进管理实践。更重要的，在价值链制造阶段，政府可以实施环境和生态友好发展的新产业政策。习近平总书记指出，“主要依靠资源等要素投入推动经济增长和规模扩张的粗放型发展方式是不可持续的”。老路走不通，新路在哪里？就在科技创新上，就在加快从要素驱动、投资规模驱动发展为主向以创新驱动发展为主的转变上。这种新的发展理念为价值链制造阶段的新产业政策提供了理论基础。

案例评析

当我国经济从高速增长阶段转向高质量发展阶段时，传统的产业政策应转变为新的产业政策。新产业政策包括三方面的内涵：首先，在高质量发展阶段，我国过去以产业为核心的传统产业政策将逐步转变为以价值链为核心的新产业政策，新产业政策扶植和支持的对象应集中在产业价值链的高端；其次，新产业政策的核心是创新政策，掌握和广泛推广自主核心技术是新产业政策成功的关键；最后，新产业政策支持价值链制造阶段的高质量发展，并且着力于从根本上解决我国环境和生态友好发展的问题。

（文献来源于贾根良的《高质量发展阶段需要怎样的产业政策》）

第十五章　当代中国第三产业的发展

第一节　商业与对外贸易

思政元素

2018 年 4 月 10 日，习近平总书记在博鳌亚洲论坛 2018 年年会开幕式上做主旨演讲时强调：“当今世界，开放融通的潮流滚滚向前。人类社会发展的历史告诉我们，开放带来进步，封闭必然落后。”“我要明确告诉大家，中国开放的大门不会关闭，只会越开越大！”

案例内容

回顾新中国成立 72 年来的对外贸易发展历史，中国进出口总额从 1950 年的 41.5 亿元上升至 2020 年的 32.16 万亿元，对外贸易规模扩大了 7 700 多倍。中国对外贸易的高速发展与外贸体制的改革相辅相成，政策体制的不断优化是对外贸易发展的不竭动力和基本保证。随着国内经济状况、国家经济政策的发展和变化，中国对外贸易的政策目标、发展方向和发展情况也曾进行多次调整，呈现出不同的阶段性发展特征。总的来看，对外贸易 72 年的发展历程基本可以根据 1949 年新中国成立、1978 年改革开放、1992 年改革开放进入新阶段、2001 年成功加入世界贸易组织（WTO）、2013 年中国进入全面深化改革新时期五个标志性事件节点，划分为五个战略目标、发展特征、发展成果都有所不同的历史阶段。

1. 对外贸易计划管理阶段（1949—1978 年）

新中国成立之初，国家经济建设百业待兴，以美国为首的资本主义国家对中国采取围堵封锁的遏制政策，国内外形势严峻复杂。尤其是 1950 年朝鲜战争爆发后，资本主义国家加紧了对中国大陆的封锁禁运，国际局势进一步恶化，中国根据特殊的历史情况制定了“一边倒”的外交政策。在此背景下，周恩来总理在1950年8月的政务院会议上指出，“对外贸易要加强计划性，避免盲目的出口和进口，要减少对美贸易，逐步摆脱美国的影响”，“对外贸易的目的是为了发展生产”，为新中国成立初期的对外贸易政策定下了“面向社会主义国家”和“进口替代战略”的基调。得益于高度集中的计划经济体制，这一时期的对外贸易政策执行良好，中苏两国于1950年4月19日签订了《中苏贸易协定》，中苏贸易总额不断扩大，对苏贸易在中国整体外贸中的占比也由1950年的29.8%上升至1955年的57%。由于中苏贸易的快速发展，中国的对外贸易总量稳步提升，在新中国成立初的十年间扩大了3倍以上。1960年后中苏关系恶化，中苏贸易受阻，中国的对外贸易发展出现了短暂倒退，对外贸易总量于1962年跌至谷底。但随着外贸重心向西方资本主义国家的转移，1963—1977年，中国的外贸发展还是保持了约12%的年均增长率。虽然这一阶段内，中国的对外贸易对象发生了变化，但对外贸易政策始终围绕“进口替代战略”展开。从进出口结构上看，出口产品以农贸产品、矿产资源和少量的轻工业产品为主，进口产品则主要以军事装备和工业设备为主。虽然“进口替代战略”在新中国成立初期特殊的历史环境中，符合中国完成社会主义工业化、建立社会主义基本经济制度的实际需要，但随着科技的迅速发展，日本等东亚新兴经济体日益繁荣，这一保护本国落后工业的战略弊端渐露。由于资金、土地、技术、劳动力等生产要素的价格扭曲，中国工业生产效率偏低，技术进步缓慢，在国际竞争中处于劣势地位，中国占全球贸易的比重从1953年的1.5%下降至1977年的0.6%，错失了第二次产业转移的发展机遇。

2. 对外贸易试点改革阶段（1979—1991年）

1978年12月，中美两国发表《中美建交公报》，西方市场的大门正式向中国敞开。党的十一届三中全会在北京召开，正式开启了中国改革开放和社会主义现代化的伟大征程。次年，中央批准东南沿海的广东和福建两省在对外经贸活动中采取特殊政策和灵活措施，并在上海、北京、天津等城市设立地方外贸公司，对外贸易政策在试点区域中逐渐放开。结合资金技术短缺、国民收入偏低、国内市场需求不足、劳动力和土地等资源成本廉价的实际国情，中国在已有的工业基础上，实施了进口替代与出口导向相结合的战略。中国在具有比较优势的劳动密集型产业上，推动实施优惠政策，引进外资，鼓励出口；而在不具比较优势的资本、技术密集产业上，则继续实行进口替代的战略，利用国内国外两种资源和两个市场，集成全球优势要素，增强中国产业的国际竞争力。值得注意的是，外贸体制改革与计划、财政、税收、金融、价格、外汇、物资等管理体制改革有着密切的联系，需要与有关经济体制改革配套同步进行。中国同期进行的“对内改革”为对外贸易发展提供了充足动能，尤其是所有制结构的变化，催生了一大批集体所有制、混合所有制和外商独资企业，企业逐渐由政府机构的附属转变为拥有法人资格的独立的商品生产者和经营者，分配方式也由“吃大锅饭”向自负盈亏转变，极大地解放了生产力，提高了生产效率，为对外贸易的迅速发展提供了足够的活力。在“对内改革”和“对外开放”的良性互动下，中国这一时期的对外贸易发展迅速，货物进出口总量由1978年的355亿元稳步上升至1992年的9 119.62亿元，15年间增长超过24倍。同时，中国主要出口商品也由初级产品向工业制成品转变，工业制成品出口占比由1980年的49.6%提升至1992年的近80%，出口结构有所优化，为中国下一阶段的扩大开放奠定了坚实的基础。

3. 对外贸易扩大开放阶段（1992—2001年）

1992年邓小平发表南方谈话，总结了中国前一阶段改革开放取得的成就，指出了新一阶段“深化改革，扩大开放”的发展方向。在对外贸易政策层面，一方面在1988—1991年外贸体制由直接管理向宏观控制改革的基础上，政府职能进一步转变，更大范围地引入市场机制，减少出口创汇的指令性计划，使用汇率、关税、利率等经济杠杆和法律手段促进外贸发展。另一方面，中国对外开放的区域也由东南沿海向更为广阔的内陆地区推进，由特区试点向全面开放转变，逐渐形成了“全方位、跨领域、多层次”的对外开放格局。特别是随着复关谈判的深入和入世谈判的开始，中国参照世贸组织规则，进行了降低关税、取消部分出口补贴、公开贸易政策、放开物价等一系列改革，进一步促进了对外贸易的发展。在此阶段的十年间，中国对外贸易继续高速发展，货物进出口总额上涨362%，服务贸易进出口总额上涨321%，贸易顺差增长近5倍，占全球贸易比重也由2.3%上升至4.4%，在全球贸易中的地位得到了较大提升。

4. 深入全球贸易体系阶段（2002—2012年）

2001年12月11日，中国正式加入WTO，这是中国深度参与经济全球化的里程碑，标志着中国改革开放进入了新的历史阶段。这一时期，中国积极践行自由贸易理念，主要围绕入世承诺开展对外贸易政策改革，深入参与到全球贸易体系之中。具体来看，中国不断完善社会主义市场经济体制，全面加强同多边贸易规则的对接，切实履行货物和服务开放承诺，强化知识产权保护，对外开放政策的稳定性、透明度、可预见性显著提高。在履行入世承诺的基础上，中国奉行互利共赢的对外开放战略，通过推进贸易投资自由化便利化、深度参与贸易政策审议、反对单边主义和保护主义，支持全球多边贸易体制发展，在推动本国对外贸易蓬勃发展的同时，也为世界经济贸易发展做出了重大贡献。从具体数据来看，该阶段中国对外贸易总量进一步高速增长，对外贸易年均增长率超过 26%，货物进出口总额于 2012 年达到 24.41 万亿元，首次成为全球货物贸易第一大国。随着中国经济的高速发展和对全球贸易体系的深度融入，2002 年到 2012 年，中国对世界经济增长的平均贡献率接近 30%，逐渐成为推动世界经济复苏和发展的重要力量。

5. 贸易大国向贸易强国转变阶段（2013 年至今）

党的十八大以来，国内外形势发生了深刻变化，党和国家事业发生历史性变革，以习近平同志为核心的党中央接过历史的接力棒，开启了中国特色社会主义新时代。新时代背景下，中国社会的主要矛盾已经转化为人民日益增长的美好生活需要和不平衡不充分的发展之间的矛盾，中国经济向形态更高级、分工更复杂、结构更合理的阶段演化，经济发展进入新常态。贯彻“创新、协调、绿色、开放、共享”的新发展理念，推动高质量发展，把握供给侧结构性改革主线，成为中国经济发展的重中之重。对外贸易发展方面，2013 年到 2015 年，中国连续三年成为全球货物贸易第一大国，虽然受汇率波动和国际市场大宗商品价格下跌等短期市场因素影响，2016 年被美国短暂反超，但中国成为全球最重要的贸易大国已是不争的事实。在对外贸易规模不断扩大的同时，创新能力较弱、出口产品附加值不高、国内劳动力成本上升、服务贸易发展比较滞后、贸易体制机制还不完善等一系列问题日益显露。面对外贸发展的瓶颈，中国的外贸政策以培育新优势为重点，以提高综合效益为目标，以互利共赢为宗旨，对外贸易政策目标由贸易大国向贸易强国转变。

针对新时代对外贸易领域的新特征、新变化，以习近平同志为核心的党中央总揽战略全局，推进对外开放理论和实践，确立了开放发展新理念，实施共建“一带一路”倡议，加快构建开放型经济新体制，倡导开放型世界经济，积极参与全球经济治理，为中国由贸易大国向贸易强国转变提供了理论指导和政策保障，标志着中国对外贸易正朝着开放、创新、共赢的新阶段发展。其中，习近平总书记 2013 年正式提出的“一带一路”倡议，既是中国扩大对外开放的顶层设计，又是对全球经济治理新模式的重要探索，开辟了我国参与和引领全球开放合作的新境界，是中国参与全球经济治理、对外贸易引进来和走出去并重的重要里程碑。

案例评析

新中国成立72年来，特别是改革开放后的40多年里，中国经济发生了翻天覆地的变化。2019年，中国经济总量已跃居世界第二，人民生活水平显著提高。2020年年底，我国已基本实现全面建成小康社会目标。对外贸易作为中国经济高速发展的重要引擎和亮点，取得了举世瞩目的成就。72年来，随着对外贸易规模的扩大和质量的改善，中国对外贸易总额在全球贸易总额中的占比持续增长，在全球产业链中的地位不断提高，对世界经济的影响力不断增强。

（节选自余振和王净宇的《中国对外贸易发展70年的回顾与展望》）

第二节　金融业

思政元素

2019年2月22日，中共中央政治局就完善金融服务、防范金融风险进行第十三次集体学习。习近平总书记在主持学习时强调，“金融是国家重要的核心竞争力，金融安全是国家安全的重要组成部分，金融制度是经济社会发展中重要的基础性制度”，“金融活，经济活；金融稳，经济稳。经济兴，金融兴；经济强，金融强”，“经济是肌体，金融是血脉，两者共生共荣”。

案例内容

新中国成立以来，我国经济社会发生了翻天覆地的变化，中国特色社会主义市场经济体制在改革中不断成长和完善，我国已经由一个一穷二白的国家成长为世界第二大经济体。经济的快速发展离不开金融的大力支持。在此过程中，金融业为经济发展提供了源源不断的资金血液，对经济社会的繁荣稳定起到了重要的保障作用，目前已经成为国民经济中最为重要的行业之一。国家统计局官网年度统计数据显示，从1952年到2020年，我国金融业增加值占国民生产总值（GDP）的比重从1.72%增长到8.27%，金融机构各项贷款余额从 108 亿元增加到 172. 75 万亿元，金融机构各项存款从 33 亿元增加到 218. 37 万亿元。历史经验证明，金融业的每一次改革和发展对我国经济社会发展都起到了巨大的推动作用。走进新时代，构建现代化经济体系，推动经济社会全面高质量发展，更需要发挥现代金融的支撑作用。新形势下，我国经济内部面临着转型升级的压力，外部面临着贸易摩擦等挑战，金融业在业态和结构等方面也在发生深刻变革。

1. 新中国成立：开创和巩固金融事业（1949—1958 年）

1949 年 10 月 1 日，中华人民共和国成立，我国从此成为独立自主的国家，金融事业也揭开了发展序幕。新中国成立之后，国家不仅要解决历史遗留的各种问题，还要建立新的经济体系和金融体系，除旧立新成为这一时期金融发展的重点。在这一时期，政府主要通过两个途径来构建新中国的金融体系，即建立和完善人民币体制和建立中国人民银行一元金融体制。在这一时期，我国金融业具有三个特点：一是具有明显的计划经济特征；二是发展水平较低；三是集中资金支持经济恢复和发展。新中国金融体系的建立，对我国经济发展产生了重要影响，即恶性通货膨胀得到抑制，物价逐渐稳定；建立起同社会主义制度相适应的金融体制；为国民经济恢复时期和“一五计划”时期的经济发展提供了资金支持。

2.“大跃进”和文化大革命时期：金融事业在曲折中前行（1958—1978 年）

1958 年开始，我国进入“大跃进”时期，在大计划、高指标等思想的指导下，金融工作开始脱离实际，整个金融体系处于失控状态。从 1958 年到 1978 年，金融业经历了受挫、恢复、停滞、再恢复等多个阶段，整体发展水平较低。在这一时期，我国年均金融业增加值只有 54. 6 亿元，占 GDP 的比重平均为 2. 8%，同农业和工业等主要产业相比，存在很大差距；但在这一时期，我国经济取得了同计划经济体制相匹配的成果，国民生产总值从 1958 年的 1 312. 3 亿元增加到 1978 年的 3 678. 7 亿元，这离不开金融业的支持。增加工业贷款等方式推动了工业的发展，也使工业对国民经济的贡献逐渐超过农业，我国也开始从传统的农业国逐渐转变为工业国。

3. 改革从农村走向城市：金融体系取得历史性突破（1978—1992 年）

1978 年 12 月，党的十一届三中全会召开，作出了把党的工作重点转移到经济建设上来的战略决策，揭开了我国经济体制改革的序幕。各个经济主体对金融服务的需求增加，“大一统”的金融体系已不再适应经济发展对金融的要求，以中国人民银行为绝对中心的金融体制亟待改变。中央政府主要采取以下三项措施来推动改革。一是恢复和建立专业银行，包括成立中国农业银行、将中国银行从中国人民银行中分离出来、将中国人民建设银行从财政部分离出来。此外，信托业和保险业也逐渐恢复。二是厘清银行和财政之间的关系，建立中央银行制度。1983年，《国务院关于中国人民银行专门行使中央银行职能的决定》发布，明确了中央银行的具体职责，标志着中央银行制度的确立。至此，我国形成了以中国人民银行为领导、专业银行为主体、其他类型金融机构并存的金融体系。三是扩大信贷领域，支持经济发展。这一时期我国金融业发展具有较为鲜明的特征：从金融业成长角度看，金融业的增加值和增长率远高于农业和工业。

改革开放是新中国成立以来的一件大事，对我国经济发展产生了深远的影响。第一，金融体制改革的探索为下一阶段的全面改革开放奠定了基础。1978年到1992年是我国逐渐改变计划经济、迎接市场经济的过渡期，金融市场和金融结构发生了根本转变，金融市场性质逐渐从计划转向市场，金融市场主体逐渐从一元走向多元，金融市场层次和金融产品更加丰富。第二，摸着石头过河的成功经验为后期逐步扩大金融开放增强了信心。在过渡期内，我国遵循逐渐进行改革开放的原则，没有采取“一刀切”或者一步到位的做法，这种渐进式的思想直到现在也在指导我国的经济和金融工作。第三，金融业对制造业的大力支持成为经济发展的重要动力。大量银行信贷为工业尤其是制造业发展提供了资金，使经济体制改革可以顺利进行，同时也增强了我国的综合实力。第四，法律法规体系的重建使金融业进入规范发展阶段。1978—1992年是我国金融法律法规体系的重建期，众多行政法规陆续出台，我国金融的法律法规体系初步建立。

4. 建立社会主义市场经济体制：全面推进金融改革（1992—2001年）

经过十几年的改革，我国的经济体制发生了重大变化。为顺应时代发展的要求，1992年10月，党的十四大提出我国经济体制改革的目标是建立社会主义市场经济体制。1993年11月，党的十四届三中全会通过《中共中央关于建立社会主义市场经济体制若干问题的决定》，明确了在企业制度、市场体系、调控体系、经济体系等方面的一系列改革措施。同年12月，国务院作出《关于金融体制改革的决定》，提出了全面推进金融体制改革，充分发挥金融在调节国民经济和优化资源配置上的作用。在此背景下，我国开展了银行体制、金融市场体系、金融监管体制等多项改革。

一是进行国有专业银行商业化改革。首先，《中华人民共和国商业银行法》颁布，中国工商银行、中国农业银行、中国银行、中国建设银行四家专业银行被正式定位为国有独资商业银行，改革目标是建成具有国际经营水平和管理能力的商业银行。其次，建立国家开发银行、中国进出口银行和中国农业发展银行三大政策性银行，分离专业银行的政策性业务。再次，参考西方国家和国际组织等相关规定，设立资产负债比例管理体制，强化风险管理能力。最后，成立信达、东方、长城和华融四家金融资产管理公司，负责剥离国有商业银行的不良资产，提高商业银行资产质量，防范和化解金融风险。

二是改革金融监管体制，加强金融监管。1992 年，国务院决定成立中国证券监督管理委员会。1998 年，中国人民银行设立监督管理银行业的专门司局。同年，国务院成立中国保险监督管理委员会。至此，我国金融业监管体制形成了银行业、证券业和保险业分业监管模式。

三是进行汇率和利率改革。1994 年，我国对外汇体制进行重大改革，官方汇率和市场汇率并轨，实行以市场供求为基础的、单一的、有管理的浮动汇率制度。同时，《关于金融体制改革的决定》确定了先货币市场和债券市场、后存款市场和贷款市场的利率市场化路径。

5. 加入世界贸易组织：加快金融改革和开放（2001—2012 年）

2001 年 12 月，我国加入世界贸易组织（WTO），金融业必需按照《服务贸易总协定》和金融服务协议等的相关要求逐步开放。扩大开放给我国经济发展带来了更多挑战，金融业发展也面临愈加复杂的国内外形势。2002 年党的十六大召开，宣告社会主义市场经济体制初步建立，改革开放进入完善社会主义市场经济体制的新阶段。在内部形势和外部形势同时发生巨大变化的关键时点，我国金融业必须加快改革，提高发展质量。一是推进大型商业银行股份制改革，增强商业银行应对冲击的能力。二是大力推进资本市场改革和发展。三是完善宏观经济调控政策。在实际监管中，中国人民银行和其他金融机构加强合作，更加重视金融的内生性风险，对金融业进行全方位、多角度的风险监测。

6. 经济发展进入新时代：防范金融风险和深化改革并重（2012—2019 年）

2012 年以来，我国经济增速放缓，经济下行，压力增大，经济发展逐渐进入调结构、转模式的新常态阶段。2013 年，党的十八届三中全会通过《中共中央关于全面深化改革若干重大问题的决定》，提出要使市场在资源配置中起决定性作用，明确了经济体制改革在全面改革中的重要地位，同时提出要完善金融市场体系，推进金融机构改革，扩大金融业对外开放。在这一时期，我国面临内部经济改革深化和外部经济形势变化的双重压力，因此必须坚持推进金融业供给侧结构性改革，提高金融业发展水平。首先，着力解决中小企业融资难融资贵的问题，具体举措有：一是发展民营银行；二是对中小银行实行定向降准，释放的信贷用于支持中小企业发展；三是扩大小微企业贷款规模。其次，发展直接融资，丰富资本市场层次。再次，改革金融监管体制，防范金融风险。最后，全面提高金融业对外开放水平。进一步放宽外资金融机构准入要求，扩大其在华经营范围，放开最高持股比例限制，金融业对外开放速度加快。同时，推进资本市场双向开放等。

案例评析

回顾中国金融业 72 年的发展历程，其经历了从无到有、从小到大的过程，如今已经成为支持国民经济发展的重要行业。在新旧动能转换的特殊时期，我国经济和金融的周期性、结构性、体制性问题凸显，金融业改革和开放将面临更大挑战。

（节选改编自刘振中和刘瑾的《中国金融 70 年：历史脉络、时代贡献与前景展望》）

第三节　交通运输与邮电通信业

思政元素

2021 年 1 月 19 日，习近平总书记乘坐京张高铁赴张家口赛区考察北京冬奥会、冬残奥会筹办工作。习近平总书记强调：“我国自主创新的一个成功范例就是高铁，从无到有，从引进、消化、吸收再创新到自主创新，现在已经领跑世界。要总结经验，继续努力，争取在‘十四五’期间有更大发展。”

案例内容

1. 中国高铁的“区域发展”战略价值：东、中、西区域发展再平衡

要改变区域发展失衡，需要在“全国一盘棋”意义上对整个国土资源进行再生产重组。这里，首先需要突破交通运输瓶颈，以打破地理区隔带来的空间分异效应。随着我国高铁网络“四纵四横”的发展，沿线区域人流、物流、资金流和信息流实现了快速流动和集散，进而推动资本、技术、人力

等生产要素，以及消费群体、消费资料等消费要素的优化配置和集聚发展，带动沿途各节点城市经济社会的蓬勃发展，并对东、中、西部区域内产业结构和经济格局调整产生重要影响。

2.“产业经济”战略价值：释放拉动效应和溢出效应，打造中国经济升级版

由于高铁属于庞大产业集群的系统性工业，其产业链长，且属于资本密集和技术密集产业，高铁对产业经济具有显著的拉动效应和溢出效应。实际上，高铁对基础设施、制造业和资源开发的拉动和溢出效应最为明显，对基建承包商、电力设备、工程机械、铁路设备、通信设备、物流六大产业板块的影响最为直接。首先是基础设施，包括桥梁、隧道、车站建设所涉及的工程机械、水泥、建筑材料。其次是轨道铺设所涉及的钢铁、轨道生产加工、机床设备，还有运营前期的车辆和配套设施采购，包括机车及车厢的生产、电气化信息信号设备及计算机控制系统。最后是运营养护环节，其涉及的机车零部件、养护耗材、车站运营将持续获益。高铁对第三产业，特别是对旅游业的影响也日益显著。高铁全行业的技术创新，有助于带动关联产业发展，塑造中国产品的世界品牌影响力，提升中国产业的全球竞争力，打造“中国经济升级版”。而中国高铁“走出去”，将推动中国出口向高技术含量、资本密集的高端制造转型，由产品贸易向技术贸易和服务贸易转型，优化中国出口贸易结构。同时，中国高铁技术和装备的出口，有利于消化中国钢铁、水泥等产能过剩，中国与世界各国通过发挥各自的比较优势，实现贸易互惠。

3.“国际经济”战略价值：“一带一路”国际经济合作的骨架

“一带一路”沿线除新加坡等少数国家外，大多数国家的社会经济发展程度都较低，需要进行大规模的基础设施建设。中国富余的资本和产能，特别是先进可靠的基础设施建设技术和装备，恰好为这些国家所需。这种天然的供需关系，是“一带一路”国家经济合作的内在动力。目前，六大经济走廊和九条出国通道规划，已搭建起“一带一路”经济合作的实体架构。

4.“外交”战略价值：开启“高铁外交”新时代

开展外交需要有力的助推器，弱国无外交，古今中外皆是如此。当历史的车轮驶入21世纪，世界各国的竞争日益激烈，和平外交的战略更考验实力。以重大装备、技术集成、产业配套、国际贸易、国际咨询、国际承包、海外投资、政府间合作、一揽子协议为崭新内容的“中国高铁”，引起了世界各国的广泛关注，成为以我为主、主动外交的新媒介。它标志着中国外交

开始走上与“世界第二大经济体”地位相称的发展道路，开启了中国外交的3.0时代。有学者认为，21世纪既可以是一个太平洋世纪，也可以是一个欧亚大陆世纪，更可以是二者并存的世纪。在这里，高铁就成为战略对冲的重要外交抓手。

5.“政治”战略价值：再造“地缘政治”新版图

“谁统治东欧，谁就能主宰世界心脏地带；谁统治世界心脏地带，谁就能主宰世界岛；谁统治世界岛，谁就能主宰全世界。”麦金德核心观点中的“心脏地带”“岛”等关键词背后的深层逻辑，是陆权和海权间的竞争。陆权和海权间的博弈，历来是大国较量重要的关切点。然而，获得海权的最终目的，还是为了登陆夺岛获取陆权，因为人类毕竟生活在陆地上。中国高铁的大规模建设和“走出去”，将以“路权”支撑“陆权”，从而使中国进入“新陆权”时代，由此必然带来世界海权与陆权格局的变迁，从而产生巨大的地缘政治效应。

6.“金融”战略价值：重塑世界金融新秩序

众所周知，无论是世界银行，还是国际货币基金组织（IMF），抑或亚洲开发银行（ADB），都由西方发达国家所主导。围绕中国高铁“走出去”和“一带一路”建设所展开的金融创新行动，如成立丝路基金和亚投行（AIIB），将在很大程度上改变当前由西方主导的世界金融格局。丝路基金和亚投行，不仅直接助推以中国高铁为代表的中国高端装备走出去，同时，可以以“高铁建设+投融资”的方式化解中国的外汇储备风险，加快人民币走出去的国际步伐，还将为亚太地区、欧亚大陆及非洲发展中国家，提供发展经济急需的流动性资金。更深层次的价值还在于，对冲美国主导的跨太平洋伙伴协议（TPP）和跨大西洋贸易和伙伴关系（TTIP），抢占全球贸易新规则制定权、主导权、定价权和资源配置权，为实现欧亚大陆甚至欧、亚、非大陆的区域经济整合，帮助我国成为国际经济、金融、贸易、航运中心，打下坚实的基础。

7.“国防”战略价值：重构“新陆权”，提升远程投送能力和战略机动性

高铁对国防的战略价值，可以从战略和战术两个层面来谈。在战略层面上，国家安全的基本保障，是拥有制陆权、制海权、制空权、制天权和制网权。美国以航母为支点，在全世界建立了庞大的基地群，形成了服务于美国全球战略的制海权。实际上，世界发达经济体竞相发展航空、航天业，也是为了掌权制空权和制天。

8.“文化与文明”战略价值：构建人类命运共同体

高铁当属交通范畴，在东方人的语境中，交通既是技术层面上实现位移的交通工具；又是文化层面上交流沟通、交融汇通的载体。“天地交而万物通”“交通成和而物生焉”。交往交流能促进了解，提升共识，增进友谊，实现文化交融与文明对话，构建人类命运共同体。高铁是连接沿线各国的重要纽带，必将促进沿线各国的繁荣发展。高铁的日常运行和不断发展延伸，推动沿线国家在认同核心价值同一性的基础上，充分尊重各国各民族文化的差异性，形成彼此尊重、交融、互相学习的“朋友圈”与“文化圈”，将为构建21世纪人类命运共同体做出独特贡献。

案例评析

高铁是中国改革开放以来能够改变世界政治经济格局的一大产业，是中国迈向世界性大国的一大标志。结合“一带一路”、高铁“走出去”和“中国制造2025”等倡议和国家战略，从区域发展、产业经济、国际经济、外交、政治、金融、国防、文化与文明等多个维度出发，我们就能理解中国高铁在东、中、西区域发展再平衡，打造中国经济升级版，构建“一带一路”国际经济合作骨架，开启“高铁外交”新时代，再造“地缘政治”新版图，重塑世界金融新秩序，重构“新陆权”，打造人类“命运共同体”等方面的重大战略意义。

（节选改编自徐飞的《中国高铁的全球战略价值》）

第十六章　当代中国经济发展的成就与进入中国特色社会主义新时代

第一节　政府的作用及其职能转变

思政元素

深化党和国家机构改革，是贯彻落实党的十九大决策部署的一个重要举措，是全面深化改革的一个重大动作，是推进国家治理体系和治理能力现代化的一次集中行动。这次机构改革，不是局部修修补补的改革，而是对党和国家组织结构和管理体制的一次系统性、整体性重构。习近平总书记高度重视这次机构改革，自始至终关心指导、亲力亲为。

案例内容

2018 年 3 月，党的十九届三中全会审议通过《中共中央关于深化党和国家机构改革的决定》和《深化党和国家机构改革方案》，确定了本轮机构改革的具体方案。从系统性角度看，机构改革需要立足于系统论，进一步加强改革的宏观思考和顶层设计，注重改革系统的整体观念和相互关联。系统论的核心理念是系统的整体观念，即系统各要素构成了一个不可分割的整体；系统论的基本方法就是用系统观点看问题，注重系统整体与各要素或组成部分之间的相互联系、相互促进、共同发展，确保系统运转的整体效应。机构改革就是要系统回答“建设一个什么样的适应中国特色社会主义新时代要求的党和国家机构职能体系和怎样建设这个机构职能体系”这个重大课题。其中具体涉及机构改革的六大基本要素包括：基本目标、首要任务、重要任务、重要手段、重要保障、目标导向。显然，这些要素彼此之间存在相互依存、相互制约、相互促进的社会系统论的关系，需要我们系统思考、系统设计、系统推进。从本质上讲，机构改革的系统思考、系统设计、系统推进，也很好地体现了改革推进中对价值理性与工具理性的双重追求，毕竟系统性中内含着人民立场的价值追求，也蕴含着系统操作的工具要求。

1. 从机构改革的基本目标看改革的系统性

本轮机构改革的基本目标是构建系统完备、科学规范、运行高效的党和国家机构职能体系。新中国成立以来，特别是改革开放以后，我国党和国家机构职能体系在建立的基础上逐步规范、在发展的基础上不断优化；党的十八大之后的系列改革，更是为党和国家事业极不平凡的发展提供了有力保障。本轮机构改革就是要回应两个“不完全适应”，使党和国家机构职能体系实现系统完备、科学规范、运行高效。具体来说，其可以归结为形成“四大体系”，推动“统一领导”，全面“提高水平”。“四大体系”就是党的领导体系、政府治理体系、武装力量体系、群团工作体系。“统一领导”就是在党的统一领导下协调行动、步调一致、形成合力。“提高水平”就是全面提高国家治理的能力和水平。显然，这一基本目标的提出，兼顾了当前任务与未来发展的需要，既立足于实现第一个百年奋斗目标的要求，又考虑到实现第二个百年奋斗目标的需要；前者在于“抓重点、补短板、强弱项、防风险”，后者在于“打基础、立支柱、定架构”；最终达成党和国家机构的“五个更加”：设置更加科学、职能更加优化、权责更加协同、监督监管更加有力、运行更加高效。只要我们审时度势、顺势而为、积极行动，就一定能够达到改革的目标，这是系统性思维的最好佐证。

2. 从机构改革的首要任务看改革的系统性

本轮机构改革的首要任务是完善坚持党的全面领导的制度。坚持党的全面领导，是从当代中国经济社会发展正反两方面的经验和教训中得出来的，也是由中国共产党的历史使命决定的。党的领导地位及领导属性，是当代中国最大的国情、最主要的特色；毫无疑问，这种国情和特色不能不在机构改革中得到全面贯彻体现。毫无疑问，完善坚持党的全面领导制度，是确保机构改革系统推进的“压舱石”。坚持党的全面领导，基本要求是优化党的组织机构，确保党的领导全覆盖，确保党的领导更加坚强有力，体现了改革的系统性思考。过去40余年的改革中，最值得总结的经验是，我们坚持党的全面领导的制度，改革就一帆风顺、成效显著；最值得汲取的教训是，某些时候、某些方面的改革，没有很好地贯彻党的全面领导的制度，最终导致改革走过一些弯路，经历了一些曲折。完善坚持党的全面领导的制度，不仅是深化改革的首要任务，也是深化改革的重要方法；不仅是提高党把方向、谋大局、定政策、促改革能力和定力的重要手段，也是从制度上保证党长期执政和国家长治久安的必然要求。

3. 从机构改革的重要任务看改革的系统性

本轮机构改革的重要任务是转变政府职能，这是过去40余年改革中经久不息的话题，也是常讲常新的话题。与党的十八届三中全会一脉相承，本轮机构改革还是围绕“使市场在资源配置中起决定性作用和更好发挥政府作用”这一核心问题，重在破除体制机制弊端，优化政府机构职能，全面增强政府效能。政府与市场的关系是经济体制改革的核心问题，也是全面深化改革的关键问题。本轮机构改革，在很多人看来，侧重点是行政管理体制改革尤其是机构改革，经济体制改革似乎笔墨不多。但从旨在转变政府职能而进行的优化政府机构设置和职能配置的改革内容来看，经济体制改革的分量还是很重的，因为转变政府职能，说到底就是要正确处理好政府与市场的关系，而这恰恰是经济体制改革的基本要求，况且从改革的基本事项看，很多也是经济体制改革的内容。尤其是在适应新时代社会主要矛盾的变化方面，重在转变政府职能的经济体制改革是满足人民“美好生活需要”和解决“不平衡不充分的发展”问题的更为直接、更为有效的改革内容、改革举措。可见，这些也都体现了改革的系统性思想。

4. 从机构改革的重要手段看改革的系统性

本轮机构改革的重要手段是统筹党政军群机构改革。现有的机构设置和职能配置存在不够科学规范的地方，表现在机构重叠、职责交叉、权责脱节，突出的问题是定位不准、职能不清、效率不高，解决的思路只能是在加强党的集中统一领导下统筹推进党政军群机构改革和职能优化。统筹党政军群机构和职能配置，健全军地协调机制，目标指向就是党政军群机构整体能力的提升。党政军群机构改革是一场涉及面很宽的自我革命，也是一场进入深水区的深刻变革，需要广泛调动各方面的积极性、主动性、创造性，需要社会各界共谋改革，需要各级领导干部提高站位、顾全大局，体现了改革的系统性要求。党政军群机构改革也是一项需要系统谋划、协调推进的全方位改革，为避免政出多门、责任不明、推诿扯皮的弊端，需要特别强调加强统筹、注重协作、减少缝隙的基本原则。

5. 从机构改革的重要保障看改革的系统性

本轮机构改革的重要保障是机构编制法定化。机构编制说到底就是对各单位、各部门的职能配置、机构设置、人员编制、领导职数、法定责任及其运行程序等所作出的规范性限定。邓小平早就提出“编制就是法律”。当前，我国机构编制方面存在的突出问题是法规制度不健全、刚性约束不够、违纪违法行为查处不力等，一句话概括就是法治化程度不高，没有很好地落实“编制就是法律”的基本要求。推进机构编制法定化，不仅体现机构改革所要贯彻的价值理念，而且体现改革的系统性追求。就本轮机构改革来说，其主要包括完善党和国家机构法规制度、强化机构编制管理刚性约束及加大机构编制违纪违法行为查处力度等。改革不仅要重视“术”的设计，更要强调“道”的要求。本轮机构改革“道”的要求就是要体现“机构编制法定化”的价值理念，将全面依法治国的理念贯彻落实到机构改革的实践中去。

6. 从机构改革的目标导向看改革的系统性

本轮机构改革的目标导向是推进国家治理现代化，这也是全面提高党和国家治理能力与治理水平的应有之义。本轮机构改革的现实原因之一就是：党和国家机构设置与职能配置还未完全达到国家治理体系和治理能力现代化的要求。党和国家机构职能体系是国家治理体系和治理能力的有机构成部分；本轮机构改革，就是要对党和国家机构职能体系进行优化和完善，为推进国家治理能力现代化奠定机构职能体系基础。将本轮机构改革置于“推进国家治理现代化”的战略高度来系统谋划，坚持这样的目标导向，既有利于我们蹄疾步稳、脚踏实地，又有利于我们登高望远、行稳致远，体现了改革的系统性坚守。

中国特色社会主义进入新时代，我国国家治理体系面临新的挑战，国家治理能力也面临新的期盼，需要也必须进行党和国家机构改革，以提高党和国家适应新时代发展需要的治理效能。新时代新要求，新部署新作为，推进国家治理现代化成为当代中国共产党人建设社会主义现代化强国的必然选择。

案例评析

本轮改革在理念、范围和深度上均超越以往，不仅聚焦职责缺位和效能问题，而且深入关注机构重叠、职责交叉、权责脱节等问题；不仅对横向上运行机制的不协调有着清醒认识，而且对纵向上机构职能上下一般粗、权责划分不尽合理等提出了解决方案。

（节选改编自郭庆松的《机构改革的系统性整体性协同性考量》）

第二节 经济增长、产业结构与收入分配体制的变迁

思政元素

2020年第21期《求是》杂志发表了习近平总书记的重要文章《国家中长期经济社会发展战略若干重大问题》。习近平总书记在文章中指出，“要把扩大中等收入群体规模作为重要政策目标”。

案例内容

随着我国经济社会发展进入新阶段，受改革不彻底、制度不健全、调控不到位等诸多因素的影响，收入分配呈现出比例失衡、差距扩大的趋势，一些弊端逐渐暴露出来，成为整个中国社会关注的焦点。概括而言主要有三点：收入差距过大；尚未形成合理的收入分配结构；收入分配秩序不规范。这些收入分配领域的问题，实际上均已存在较长时间，只是被我国以往高速的经济增长所掩盖。但是，随着我国经济发展进入“新常态”，收入分配领域的“点、线、面”问题逐渐凸显出来。在新时代，以马克思主义政治经济学为依据，在习近平新时代中国特色社会主义思想的指导下，提出正确处理收入分配领域中“点、线、面”问题的对策是十分必要的。

逐步实现共同富裕是社会主义的本质要求。对此，马克思在《1857—1858年经济学手稿》中提出“社会生产力的发展将如此迅速，……生产将以所有人的富裕为目的”，恩格斯在《反杜林论》中也认为“通过社会生产，不仅可能保证一切社会成员有富足的和一天比一天充裕的物质生活，而且还可能保证他们的体力和智力获得充分的自由的发展和运用”。然而，共同富裕是需要逐步实现的，在迈向共产主义的不同阶段，需要通过不同生产力与生产关系相适应的分配关系加以推动。对此，马克思认为“生产关系决定生产工具的分配，社会成员各类生产之间的分配也从属于一定的生产关系”，“分配关系本质上和生产关系是同一的，是生产关系的反面”。“分配关系……决定生产的全部性质和全部运动”，即分配关系对生产关系具有巨大的反作用。因此，我国在社会主义初级阶段，能够保障社会主义国家性质并逐步实现共同富裕的路径正是与“以公有制为主体、多种所有制并存”的生产关系相适应的“以按劳分配为主体、多种分配方式并存”的分配关

系（原则），并且还需要在初次分配与再分配中兼顾效率与公平，才能缩小多种分配方式并存导致的贫富差距。缩小贫富差距是为了保障逐步实现共同富裕过程的稳定性，因此，强调“以按劳分配为主体”在社会主义初级阶段格外重要，其目的就是保障多种要素的协调分配，避免产生诸如“重资不重劳”等现象，进而在推动经济增长的同时体现我国社会主义制度的优越性。

1. 共同富裕是习近平总书记关于新时代我国收入分配改革指导性论述的核心

习近平总书记曾说：“我们追求的发展是造福人民的发展，我们追求的富裕是全体人民共同富裕。虽然实现共同富裕要有一个过程，但我们要努力去做、不断推进。”在习近平总书记关于共同富裕的理念中，以人民为中心一直是其理念的价值追求，同时，这个价值追求也是习近平新时代中国特色社会主义思想的精神实质。习近平总书记曾指出，坚持以人民为中心的发展立场，是马克思主义政治经济学的根本立场……在针对收入分配及相关问题的阐述中，习近平总书记多次表达了对人民切身利益的深切关怀和重视。习近平总书记曾明确指出：“检验我们一切工作的成效，最终都要看人民是否真正得到了实惠，人民生活是否真正得到了改善”。要“充分调动人民群众的积极性、主动性、创造性，举全民之力推进中国特色社会主义事业，不断把‘蛋糕’做大”。对做大的“蛋糕”如何切分，即如何分配发展成果这一问题，习近平总书记明确地提出了人民共享的理念，而人民共享的关键点就是逐步实现共同富裕。习近平总书记指出“改革成功与否的评判标准是看人民是否共同享受了改革发展成果”。总之，在习近平总书记针对收入分配改革及相关问题的诸多论述中，核心目的就是希望经济发展的成果能够公平地惠及每一个人，让人民群众都能公平、充分地享受经济发展的成果，从而消除收入分配上的两极分化，最终实现共同富裕。

2. 效率和公平的统一是习近平总书记关于新时代我国收入分配改革指导性论述的原则

新时代收入分配改革必须秉持效率和公平辩证统一的理念。自党的十一届三中全会以来，我国在收入分配领域遵循“初次分配注重效率、再分配注重公平”的指导，这在我国经济转型的早期极大地激发了广大劳动者及生产要素拥有者的生产积极性，促进了我国经济的飞速增长。在收入分配领域，效率与公平一直被认为是此消彼长的对立关系，但是，这种看法是片面的，因为增长是分阶段的，在不同阶段效率和公平的关系是不同的。以习近平同志为核心的党中央对效率与公平的关系有着清醒的认识，并在新时代收入分配改革上就效率和公平的辩证统一关系提出了重要的指示。习近平总书记在党的十八大报告中就曾率先提出“初次分配和再分配都要兼顾效率和公平，再分配更加注重公平”的改革思路，在党的十九大报告中，再次明确了“坚持在经济增长的同时实现居民收入同步增长、在劳动生产率提高的同时实现劳动报酬同步提高”的收入分配理念，着重突出了收入分配结构的线性调整。

3. 促进多种要素的协调分配是习近平总书记关于新时代我国收入分配改革指导性论述的目的

新时代我国收入分配制度虽然更加强调全体人民共享发展成果，以及将公平分配作为未来改革的重要一环，但是在未来的改革过程中也一定要警惕民粹主义和平均主义。我国的收入分配改革一定是基于我国当前经济发展水平的客观判断，并且，收入分配改革一定要在坚持按劳分配的基础上，有效促进多种要素的协调分配，激发各种要素的创造活力。在习近平总书记关于新时代我国收入分配改革指导性论述中，促进多种要素协调分配是明确的目标指向。在资本、劳动、管理和技术这四种要素中，资本要素在收入分配中长期占据主导地位，劳动、技术、管理要素在参与分配的过程中处于被动地位。然而，一个完善的分配秩序一定要能同时体现共享和协调，党的十九大报告明确提出要“坚持按劳分配原则，完善按要素分配的体制机制，促进收入分配更合理、更有序”。因此，以习近平总书记关于新时代我国收入分配改革论述为指导，在进一步深化的收入分配改革中，需避免收入分配在社会经济发展的基本面上出现扭曲。

案例评析

党的十八大以来，习近平总书记针对收入分配给出了一系列指示，形成了符合中国国情的、具有鲜明时代特征的、科学系统的收入分配改革论述。我们必须以马克思主义政治经济学为学理基础，遵循习近平总书记关于新时代我国收入分配改革论述的指示，破解我国在收入分配领域面临的“点、线、面”问题。

（节选改编自徐充和胡炅坊的《新时代我国收入分配改革的现状、导向及对策研究》）

第三节　城市化与区域经济发展

思政元素

2019年12月16日出版的第24期《求是》杂志发表习近平总书记的重要文章《推动形成优势互补高质量发展的区域经济布局》。文章指出，新形势下促进区域协调发展，总的思路是：按照客观经济规律调整完善区域政策体系，发挥各地区比较优势，促进各类要素合理流动和高效集聚，增强创新发展动力，加快构建高质量发展的动力系统，增强中心城市和城市群等经济发展优势区域的经济和人口承载能力，增强其他地区在保障粮食安全、生态安全、边疆安全等方面的功能，形成优势互补、高质量发展的区域经济布局。

案例内容

新中国成立72年以来，在立国、富民和强国等国家战略下，区域经济呈现不同的空间格局和特点，具体体现为五大阶段。

1. 1949—1977年：立国战略下，区域生产力加快向重工业布局的计划调控期

从新中国成立至1977年，中国在外部封锁的国外环境压力和一穷二白的农业型社会基础上，以立国战略为目标，以政府主导和直接动员的方式强力推动重工业优先发展战略。为保障重工业优先发展战略的有效实施，中国在重工业空间布局上逐渐向内地倾斜，在区域经济增长的管理方式上以大区制为主导，在具体制度设计上建立以重工业利润积累为导向的城乡系列配套制度。

第一，重工业布局于内陆，区域经济格局呈现北进和西进的发展导向。新中国成立之后，为了解决重工业优先发展战略与要素短缺的矛盾，重工业开始有计划地布局在离石油、煤炭、铁矿等原材料较近的东北地区，国家开始有计划地调整生产力布局。从“四五”计划开始，区域发展重心逐渐由“三线”建设向沿海调整。

第二，区域增长调控以大区制为主体。大区制的区域计划协调方式呈现两个阶段：第一阶段是新中国成立初期到1952年前，以大区制为行政区划

进行计划管理。第二阶段是撤销六大行政区，依靠协作区的经济区划进行区域协调。这一时期，中国逐渐形成了以省份为基本行政单位，以协作区为主要经济区划进行区域协调的发展模式。

第三，以重工业利润积累为导向的城乡系列计划配套制度。重工业的建设具有周期长、关键设备须进口、一次性投入多等特点。这与新中国成立之初，经济剩余少、外汇少、资金分散的要素禀赋结构之间存在着突出的矛盾。为了解决这一矛盾，中国通过设计三方面的城乡计划经济制度进行系统配套，以提高工业积累率。然而在完全的政府主导体制下，以重工业为导向的传统工业化弊端日益显露，亟须加大经济激励、提升经济效率和加快开放步伐。

2. 1978—1991 年：以富民战略为导向的区域增长极点孕育期

随着外部环境逐渐宽松，1978 年立国战略开始转向富民战略，中国开始实施改革开放政策。中国经济围绕政府和市场的关系，逐步引入市场机制。社会主义市场经济作为计划经济的一种替代选择，因为其具有强烈的试探和摸索性质，使得市场配置资源的机制首先在国家控制不严格的一些领域或者相对隔离的特定区域最先被引入。由此，区域经济开始进入快速增长的预备期。一是通过土地产权改革，形成低成本劳动条件。二是通过农村价格改革和农产品统购统销制度改革，对农村要素产生明显市场激励作用。1984 年开始的价格改革从机制构建角度切实推进了市场化进程。三是对外开放政策落实在不同区位空间上，逐步形成了对外开放的经济增长空间格局。中国最重要的两大经济增长极——深圳与上海开始孕育。区域增长极与增长带的区域效率优先模式开始取代各地齐头并进的区域均衡模式，改革开放进入到不同区域差异化增长的新时代。

3. 1992—2000 年：以扩大开放为主的区域增长方式构建期

1992 年，邓小平南方谈话坚定了改革的信心，明确了进一步扩大开放的方向，中国的改革开放进入了新的发展阶段。首先，党的十四大之后，以现代企业制度改革、分税制改革、金融体制改革、政府机构改革、城镇住房制度深化改革等为主的一系列重拳配套改革相继推出，市场经济宏观管理体制框架开始构建。这些配套改革使得区域经济在宏观管理框架中的独立分支地位开始确立。政府与市场关系的制度改革开始进一步细化到央地、地地及地方政府与市场三个方面。其次，推动区域微观主体的形成。动力问题在市场机制中的重要地位开始引起关注。如果没有生产者从利益与竞争出发的内在动力，仍然无法形成真正的市场。现代企业改革从市场构建层面解决了企业的自主权和市场激励问题，这为区域经济中形成真正的微观企业主体营造了制度条件。在现代企业改革的推进下，区域市场逐渐为乡镇企业产权改革等提供市场环境与市场条件。最后，以土地财政为重点的区域增长方式开始形成。这一阶段的核心特点是切实形成了从市场基础到制度配套再到体系构建的区域经济增长方式与路径。这使得改革开放战略得以在空间落实，并推动了这一阶段区域经济的快速增长。

4. 2001—2011 年：以三大地带协调发展为主的区域经济关系调整期

伴随 20 世纪 90 年代以来系列改革的推进，中国经济开始形成巨大财富积累，后发赶超的发展态势逐渐显现。进入 21 世纪，城乡之间、地区之间、行业之间、不同群体之间的收入差距和福利差距扩大。其中，区域发展差距已经成为制约着改革开放向更高水平迈进的关键因素。中国区域战略目标明显从效率优先转向协调发展，而且协调发展战略目标的路径实施在这一阶段也具备了资金实力，集中体现在协调推进西部大开发战略实施及东北老工业基地振兴、中部崛起及东部加快发展的四大版块上。国家的“十一五”规划、“十二五”规划，都采用了基本相同的表述，以区域互动发展为导向的区域发展总体战略形成并进入完善阶段。此后，《全国主体功能区规划》等规划指导类文件进一步对这一总体战略进行呼应和落实。在有力的协调发展思路下，西部地区经济实力稳步提升，主要指标增速高于同期全国和东部地区平均水平。

5. 2012 年至今：强国战略下以高质量发展为主的区域经济结构重整期

2012 年之后，国内外经济形势发生了深刻而复杂的变化。从国外经济环境看，世界经济复苏乏力、国外贸易保护升温，世界经济增长对中国的带动力减弱，使得中国利用国际市场谋求机遇和内部发展的经济发展内涵发生了变化。从国内经济环境看，自 2012 年起，持续了 30 多年的经济高速增长态势放缓，国内社会主要矛盾发生变化，经济进入新常态，投资回报率递减，产能过剩严重，经济“脱实向虚”风险增大。面对日益严峻的外部环境和日益失效的传统区域治理方式，国家开始实施强国战略，强调经济的高质量发展。区域战略在这一阶段也以高质量发展为主要目标，在实施路径上呈现推动区域经济增长与深化协调发展双重推进的特点。

（1）进一步加大四大版块的协调发展。

自“十一五”规划提出四大版块发展以来，东部、中部、西部与东北部的协调发展、四大版块合理推进一直是国家着力解决的重点问题。随着持续的财政与政策投入，中西部地区部分城市的经济开始实现中高速增长。同时，以城市群健康发展、大中小城市网络化发展、城市高效吸引并承载农业转移人口、乡村振兴战略等为支撑的城乡联动发展格局正逐步形成。

（2）寻求多极点的引领增长，加快内外联动和全局发展。

中央通过“一带一路”倡议实现与外部市场更广泛的联通，打开陆路大国的西北陆运与东南海运通道；通过京津冀协同发展，重点解决北京等地出现的人口膨胀、交通拥堵、环境质量下降等大城市病和膨胀病及“环京津贫困带”并存的核心区域健康发展问题；针对长江经济带这一地理与生态区位重要区域的经济与生态协调发展问题，坚持在“共抓大保护、不搞大开发”的原则下共同建设生态环保、内涵发展丰富、动力充沛、创新能力迸发的黄金经济带。同时，长三角区域经济一体化、粤港澳大湾区及海南建设等都成为区域经济发展中的新亮点。通过这些努力，中国正在形成内外市场联动、东西南北协调发展的区域经济发展新格局。

案例评析

中国区域经济根植于中国经济的整体发展，是中国经济发展的空间表现和有效支撑。研究中国区域经济不可能脱离中国经济发展的微观和宏观实践，区域经济正是在中国经济的大逻辑框架下动态演化的结果。

（节选改编自刘秉镰、边杨、周密和朱俊丰的《中国区域经济发展70年回顾及未来展望》）